POURQUOI L'AMOUR NE SUFFIT PAS

CLAUDE HALMOS

POURQUOI L'AMOUR
NE SUFFIT PAS

Aider l'enfant à se construire

© NiL éditions, Paris, 2006
ISBN 2-84111-234-9

À la mémoire de mes grands-parents,
Katalin et Martón Rosenthal

Le titre de ce livre, on l'aura sans doute remarqué, s'inspire de celui d'un ouvrage de Bruno Bettelheim.

Lorsque, au début de mon travail, il s'est imposé à moi, j'avais oublié – en tout cas consciemment – l'œuvre du psychanalyste américain, que pourtant j'avais lue.

Puis la mémoire m'est revenue et j'étais prête à renoncer.

Une rencontre m'en a empêchée. Celle d'une parole. La parole d'une mère. Dans un reportage à la télévision sur le suicide des adolescents, elle disait la mort de son fils et sa douleur. Et concluait par ces mots qui ressemblaient à un cri :

– On nous dit de les aimer. On nous dit de les aimer. Mais ça ne suffit pas, l'amour !

Je ne connais pas cette femme et je ne la connaîtrai sans doute jamais. Mais j'aimerais qu'elle sache qu'à elle, et à tous les parents en quête comme elle de réponses, ce livre est dédié.

« Le mot-valise qu'est pour ainsi dire "amour" ne suffit plus pour s'entendre depuis les découvertes de la psychanalyse. On sait qu'en français on peut aimer le bifteck, sa maison, son papa, sa maman ; qu'on peut aimer son chien ; qu'on peut aimer aimer et on pourrait donner encore beaucoup d'autres exemples. Le terme s'applique à tout. »

Françoise Dolto, « Aimance et Amour »,
in Au Jeu du désir

« L'ère de "l'enfant au poids" est en cours. Consommateur ou consommé, l'enfant fétiche est le nouveau produit de notre civilisation. »

Françoise Dolto, « La Mère et l'Enfant »,
in La Difficulté de vivre

Introduction

Qu'y a-t-il de plus important pour un enfant ? De quoi a-t-il surtout et avant tout besoin ?

Qui pose aujourd'hui cette question est sûr de la réponse. Pour la majorité de nos concitoyens, en effet, la chose est claire : l'essentiel pour un enfant, c'est... l'amour.

Cette affirmation semble à chacun d'autant plus évidente qu'elle n'est que rarement dictée par la seule raison. L'adulte qui revendique le besoin d'amour de l'enfant parle en effet souvent, sans le savoir, de lui-même. Il dit soit sa nostalgie d'une tendresse dont il sait, pour l'avoir reçue, tout le prix ; soit la douleur indéracinable d'en avoir, jadis, éprouvé le manque.

Qui parle d'enfance ne le fait jamais de façon neutre. Dans ce domaine, plus encore que dans d'autres, les opinions plongent leurs racines au plus profond de l'histoire personnelle de ceux qui les énoncent. Les positions scientifiques ou philosophiques les plus apparemment réfléchies cachent souvent de douloureux cris du cœur. L'influence de cette histoire personnelle est d'autant plus déterminante que, devenue en grande partie inconsciente, elle échappe aux intéressés. Ils peuvent dès lors, en toute bonne foi, refuser d'entendre à quel point elle oriente leur pensée. Ignorer qu'elle est la cause des réactions épidermiques que provoquent chez eux la moindre tentative de discussion sur la question et celle des attitudes terroristes qu'ils adoptent parfois pour contraindre le contradicteur au silence : « Comment ? Vous osez mettre en doute la nécessité de l'amour pour un enfant ? »

Le débat s'en trouve compliqué d'autant et l'on peut le déplorer car la croyance en l'amour comme nourriture essentielle de l'enfant n'est pas seulement repérable au niveau individuel. Elle a gagné toute la société. L'amour est devenu le repère majeur pour tout ce qui concerne les relations parents-enfants. On le retrouve invoqué partout comme l'alpha et l'oméga de cette relation : dans les déclarations officielles, dans les pratiques de terrain et dans nombre de débats de société.

Et le postulat qui sous-tend les raisonnements est évident : un enfant s'élève... « à l'amour ».

Il est d'ailleurs repris dans nombre d'écrits et, force est de le constater, peu de voix se font entendre pour le contester...

On peut s'en étonner. Car poser qu'un enfant s'élève « à l'amour » constitue un formidable retour en arrière. Un extraordinaire recul par rapport à toutes les connaissances sur l'enfant qu'a apportées notamment un siècle de pratique de la psychanalyse. Pratique qui, en donnant d'abord à des patients adultes l'occasion de découvrir que l'origine des troubles dont ils souffraient se trouvait dans leur enfance ; puis en permettant, grâce au travail direct avec des enfants, de comprendre ce qu'ils vivaient, mit en lumière l'existence d'une construction psychique de l'enfant et sa complexité.

Aucun enfant ne sort tout armé du ventre de sa mère. Aucun enfant ne vient au monde avec un psychisme constitué. Un enfant se construit. Et dans cette construction les parents jouent un rôle déterminant que l'on ne peut, sauf à le réduire, limiter à l'« amour ». Ce que, au fond, nul n'ignore...

Combien de fois, en effet, dans la vie courante, n'entend-on pas énoncer par des adultes évoquant leur enfance des phrases comme : « Je pense (ou je suis sûr) que mes parents m'aimaient. » Phrases aussitôt assorties d'un « mais » (« je pense que mes parents m'aimaient, mais... ») qui montre à l'évidence que, à côté de l'affection de leurs parents (qui n'est en aucun cas remise en cause), existaient des problèmes. Dus non pas à l'incapacité de ces parents à aimer leurs enfants mais aux difficultés qu'ils avaient à se situer par rapport à eux ; à leur autonomie, à leur sexualité, à leurs désirs, etc. Chacun de nous sait bien − pour l'avoir en général expérimenté dans sa propre enfance − que des parents, même infiniment aimants, peuvent (et sans en être le moins du monde conscients) faire souffrir leur enfant s'ils sont, de par leur histoire, dans l'impossibilité d'entendre ce qu'il aurait besoin qu'ils entendent.

On peut d'ailleurs remarquer que, dans sa mise en avant de l'« amour », notre société se conduit d'une façon paradoxale. D'un côté, en effet, elle ne cesse de convoquer dans tous les médias ceux qu'elle appelle les « psys » pour conseiller les parents dans leurs rapports avec leurs enfants. Elle ne cesse d'inviter ces mêmes psys à participer à toutes les structures de réflexion sur l'enfance et l'éducation. Elle publie sans relâche des ouvrages de vulgarisation, véritables vade-mecum de la parentalité. Elle crée des aides à cette parentalité, des « écoles des parents » pour aider les parents dans ce que d'aucuns appellent désormais leur « métier » et, en même temps, dans nombre de domaines essentiels, elle fonctionne comme si l'« amour » était, s'agissant de leur relation à leurs enfants, le seul critère à prendre en compte.

Il y a là un clivage sur lequel il conviendrait de s'interroger.

Première partie

Le mythe de l'amour
et ses ravages : état des lieux

1

Les croyances
à propos de l'amour parental

Cette mise en avant de l'amour est d'autant plus problématique qu'elle se double d'un certain nombre de croyances. Si l'on examine, en effet, ce qui se fait et se dit sur le terrain à propos des enfants, on se rend compte que tout se passe comme si cet amour que l'on ne cesse d'invoquer était, dans « l'impensé collectif », doté de deux caractéristiques majeures.

L'amour toujours là

La première de ces caractéristiques est que, entre parents et enfants, l'amour serait toujours présent. La chose n'est évidemment jamais énoncée comme telle mais elle sous-tend tous les raisonnements. Et pas seulement dans ce que l'on a coutume d'appeler le grand public. Quand on écoute par exemple, notamment à propos de cas de maltraitance, des magistrats, des travailleurs sociaux et même des soignants (psychologues, psychanalystes ou psychiatres) évoquer la possibilité de remettre dans sa famille un enfant qui en avait été retiré, on s'aperçoit que, si tous ces professionnels peuvent éventuellement envisager que des parents aiment trop leur enfant, s'ils peuvent, à la rigueur, admettre qu'ils ne l'aiment pas assez (moins, par exemple, que tel ou tel de ses frères et sœurs), il leur est en revanche quasiment impossible d'entendre qu'ils puissent ne pas l'aimer du tout. Hormis quelques cas de parents considérés comme anormaux ou monstrueux et constituant d'ailleurs à ce titre des sortes d'exceptions qui confirment la règle, la chose n'est pas audible.

Tout parent normal est supposé aimer son enfant et celui-ci l'aimer en retour.

En fait, et toujours de façon impensée, chacun semble persuadé que l'amour vient aux parents en même temps que l'enfant ; qu'il naît dans leur cœur comme le réflexe de lécher son petit vient à la femelle animale qui a mis bas...

Cette conception quasiment mammifère du désir humain ne laisse pas de poser problème.

L'amour toujours bon

De plus – et c'est la seconde caractéristique – on semble considérer que cet amour supposé toujours là serait également à l'instar sans doute du lait maternel toujours bon pour l'enfant.

Cette croyance est d'autant plus vivace que l'on interroge rarement la nature de l'amour parental : l'amour ? c'est... l'amour. Le raisonnement ne dépasse guère le niveau du refrain d'une chanson à deux sous. Comme s'il était, dans ce domaine plus encore que dans d'autres, particulièrement malvenu d'interroger les sentiments.

La dimension qualitative de l'amour parental n'est :

• soit pas abordée du tout. On s'étonne par exemple que, confrontés à des familles dans lesquelles des dérapages graves prouvent à l'évidence que la relation des parents à leurs enfants est problématique, tant d'intervenants échouent à se poser une question pourtant évidente : « Ils aiment leur enfant. Soit (ou peut-être...). Mais *comment* l'aiment-ils ? » Question qui ouvrirait la possibilité d'une salutaire réflexion sur la nature du lien qui unit ces parents à leur progéniture.

• soit abordée sur un mode qui dépasse rarement le registre du jugement moral. On parle de parents qui aiment mal leur enfant. Or ce type d'approche ne permet pas un travail en profondeur sur le sujet. Aimer mal un enfant c'est, dans l'acception ordinaire, l'aimer trop (et l'on retrouve le quantitatif), ou l'aimer d'une façon que la morale réprouve et, dans ce cas, la chose est condamnée sans être étudiée. La condamnation a, de plus, quelques effets paradoxaux puisque, la réprobation entraînant le rejet, le parent qui aime mal (le père incestueux par exemple) se trouve renvoyé dans le camp des mauvais parents. Il prend donc rang, au même titre que les parents non aimants déjà évoqués, parmi les exceptions qui sont supposées confirmer la règle selon laquelle l'amour parental (ou ce que l'on croit tel) serait globalement et par nature forcément bon pour l'enfant.

Des croyances démenties par la pratique analytique

La pratique analytique avec les enfants et leurs familles démontre, jour après jour, que ces deux croyances, en un amour toujours là et en un amour toujours bon, sont fausses.

L'amour n'est pas toujours là

Entre les parents et leurs enfants, l'amour n'est pas toujours là. Il est des parents qui ne peuvent pas aimer leurs enfants et, contrairement à ce que l'on voudrait nous faire croire, ils ne sont pas pour autant des monstres que la nature aurait privés d'un organe essentiel. Chez les humains, en effet, l'amour parental n'a rien de naturel. Le rapport des géniteurs à leurs enfants n'est pas chez eux, comme il l'est chez les animaux, programmé par l'instinct. Il est affaire de parole et de désir et ce désir peut être bloqué par l'histoire personnelle.

Certains parents par exemple se trouvent dans l'incapacité d'aimer leurs enfants, parce qu'ils ne peuvent pas leur donner ce qu'ils n'ont pas, eux-mêmes, reçu. Donner de l'amour à ses enfants implique que l'on en ait en soi. Ce n'est possible qu'à deux conditions : si l'on a été, enfant, aimé par ses propres parents ou si, quand ce n'est pas le cas, on a pu, dans son trajet personnel, prendre conscience de ce manque. La conscience du manque ne remplace pas l'amour manquant mais elle permet de donner des contours à l'absence. Elle rend celui qui l'éprouve capable de dessiner en creux, au plus profond de lui, la place de l'amour qu'il n'a pas reçu et de faire ainsi de cette place vide la matrice de l'amour qu'il pourra donner à son enfant : « Je sais, pour connaître la douleur d'en avoir été privé, ce que représente, pour un enfant, l'amour de ses parents. Cet amour, je te le donne. Je te donne ce que l'on ne m'a pas donné. »

Malheureusement, les adultes qui ont été dans leur enfance privés d'amour n'ont pas tous – loin s'en faut – la conscience du manque dans lequel ils ont vécu. Une telle prise de conscience supposerait en effet qu'ils aient pu, enfants, comparer leurs « conditions affectives d'existence » à d'autres et réaliser leur particularité (« Mon copain Yves avec ses parents, je m'en rendais bien compte, ce n'était pas la même chose »). Et elle implique toujours une très grande souffrance. On ne peut, sans douleur, se découvrir « manquant »... De ce fait, chacun essaie, au moins inconsciemment, de l'éviter, de chasser de sa mémoire le souvenir du vide et de l'absence, d'ignorer ses plaies ouvertes.

Quelques-uns réussissent à le faire.

Parce qu'ils parviennent à vivre en refusant de savoir ; ils racontent (et surtout se racontent) sur leur enfance une histoire banalisée dont toute souffrance grave est exclue : « Mon enfance ?... Oh, rien à dire... C'était comme tout le monde... »

Ou bien parce qu'ils s'en tiennent à une connaissance purement intellectuelle de la chose. Ils savent avec leur tête mais ne ressentent plus rien : « Je sais très bien que mes parents ne m'aimaient pas, mais bon... j'ai fait avec ! » À ceux-là, la cure analytique réserve parfois des surprises, car elle peut faire resurgir au moment où ils s'y attendent le moins les blessures enfouies et jaillir des larmes dont ils ignoraient l'existence : « C'est terrible, je ne savais pas que ça avait pu me faire souffrir autant !... »

D'autres adultes encore ignorent le manque d'amour dans lequel ils ont vécu parce qu'il était si radical que le minimum de recul nécessaire à toute prise de conscience était impossible. Leur univers était tellement vide de relations humanisantes, tellement inhumain, qu'il n'était – au sens propre du terme – pas pensable. Pour survivre, il leur a fallu très tôt, et toujours au prix d'une destruction intérieure, que le plus souvent ils ignorent, « s'adapter ». Leur vie a été semblable à celle de ces plantes qui, privées de l'eau ou de la terre nécessaires à leur développement, réussissent néanmoins à se transformer pour résister. L'humain empêché de croître en eux, ils sont devenus comme des pierres et les pierres ne peuvent pas aimer. Ces adultes-là ne ressentent pas consciemment de douleur car ils se sont très précocement anesthésiés pour éviter de mourir ou de sombrer dans la folie. Leur façon déshumanisée de vivre ne leur semble pas anormale car ils n'en connaissent pas d'autre. Ils la font partager à leurs enfants sans être le moins du monde conscients de la destruction qu'elle entraîne.

Certains cependant s'en rendent compte parfois, eux aussi, un jour, sur le divan. Telle cette mère dont le second bébé venait de naître alors qu'elle était déjà en analyse depuis plusieurs années et qui disait en pleurant : « C'est terrible. Je m'en rends compte seulement aujourd'hui. Avec mon premier enfant j'ai été inhumaine. À aucun moment je ne l'ai frappé, bien sûr, et je l'ai toujours soigné et nourri comme il le fallait. Mais je ne lui parlais pas et, face à lui, je ne ressentais rien. Je n'avais qu'une seule idée en tête : il fallait qu'il soit correctement éduqué (propre, pas capricieux, etc.). Je n'ai jamais pu imaginer ce qu'il pouvait ressentir ni même qu'il pouvait ressentir quelque chose. J'étais comme une pierre et je croyais que c'était normal parce que ma mère aussi était comme ça avec moi. Elle n'était que fonctionnelle. Fonctionnelle, c'est tout. »

L'amour n'est pas toujours bon

De la même façon, l'amour quand il est là n'est pas toujours bon car sa nature, complexe, dépend elle aussi de ce que les parents ont vécu auparavant.

À l'écoute de certains d'entre eux, on se prend quelquefois à regretter que, contrairement à d'autres, notre langue n'autorise pas certaines nuances. En français, en effet, il n'existe pas de vocables susceptibles de différencier les sentiments que l'on éprouve pour les personnes, des émois que procurent les objets dont on tire satisfaction : on aime sa femme (ou son enfant) comme on aime le chocolat. Dans les deux cas le vocable est le même. Et l'on ne peut s'empêcher d'y songer quand on se retrouve, en consultation, face à certains parents qui, s'ils aiment leur enfant, ne peuvent cependant l'aimer que comme un objet, dans un rapport qui n'est pas d'amour mais de possession. Et ce, d'autant plus fortement qu'il est parfois le seul objet dont la possession leur semble vraiment assurée. Dès lors, tout se passe comme si, éprouvant à loisir sur lui un pouvoir que la vie par ailleurs leur refuse, ils affirmaient : « Ça [l'enfant], au moins, c'est à moi. J'en fais ce que je veux. On ne me le prendra pas ! »

Affirmation qui se teinte chez les uns de désespoir et chez les autres de jouissance.

D'autres parents ne peuvent aimer leur enfant que d'un amour érotisé, sexualisé, parce que c'est la seule forme d'amour qu'ils connaissent. Soit parce que celui dont, enfant, ils ont été l'objet était de cette nature. Soit parce que, ayant vécu avec leurs propres parents dans un désert de sentiments, ils n'ont découvert un semblant de tendresse que dans leur vie sexuelle adulte.

On pourrait égrener sans fin la liste des errances que recouvre le terme d'amour quand il s'adresse aux enfants. Quiconque écoute des familles et accepte d'entendre ce qui se joue en leur sein se rend compte très vite que la vision angélique et idyllique des rapports parents-enfants que l'on nous présente généralement est très éloignée de la réalité.

2

L'amour parental : un objet non identifié

En fait, et nous l'avons déjà évoqué, le problème n'est pas seulement que notre société invoque l'amour comme seul critère de la relation parents-enfants, mais qu'elle le fasse sans interroger cette notion qu'elle met en avant. Sans jamais se poser la question : qu'est-ce que l'amour parental ? Que veut dire aimer un enfant ? L'amour parental est-il un amour comme les autres ou bien ne peut-il mériter ce nom d'amour qu'à certaines conditions ?

Cette absence de questionnement est lourde de conséquences. Car à ne pas définir de critères spécifiques qui permettraient de dire ce qu'est un véritable amour parental on est conduit inéluctablement à prendre pour référence (et sans en être forcément conscient) ceux qui caractérisent l'amour en général : celui qui unit deux personnes adultes. Or quels sont-ils ?

Le premier de ces critères est celui des sentiments : on peut dire d'une personne qu'elle en aime une autre à partir du moment où elle éprouve pour elle des sentiments. C'est-à-dire où, lui donnant une place et une importance particulières, elle la situe par rapport à elle dans un rapport particulier.

Le deuxième critère d'un amour réussi entre deux

27

adultes est celui du plaisir pris ensemble. Plaisir sexuel bien entendu, mais plaisir aussi dans tous les autres domaines : dans l'échange, la parole, le partage de choses que l'on fait ensemble et qui rendent heureux.

Le troisième de ces critères, enfin, est celui de la possession dont atteste le vocabulaire amoureux (et même amical) : « mon » amant, « ma » femme, « mon » ami. Sans parler de toutes les locutions qui expriment l'idée de « se donner » à l'autre, de lui « appartenir ».

De tels critères sont-ils susceptibles de rendre compte de l'amour entre parents et enfants ? À l'évidence, non.

Il est, certes, très important pour un enfant que ses parents éprouvent pour lui des sentiments : de l'affection, de la tendresse. Il est important qu'il puisse prendre du plaisir avec eux : dans la communication, dans des projets menés ensemble, dans la construction permanente d'une vie qui soit à la fois gaie et enrichissante. Il est essentiel pour son développement qu'il soit heureux avec eux... et qu'ils le soient avec lui. Car aucun enfant ne peut être heureux avec ses parents s'il ne les sent pas heureux avec lui.

Et, de ce point de vue, on peut dire que le fait de savoir, de sentir (car dans ce domaine les choses passent par les mots mais vont aussi au-delà d'eux) qu'il apporte de la joie à ses parents ; qu'ils ont plus de bonheur avec lui qu'ils n'en auraient eu sans lui (s'il n'était pas né) est pour un enfant un appui narcissique fondamental ; on pourrait même dire fondateur. C'est la base même du sentiment qu'il aura de sa valeur : « Je ne suis pas n'importe qui. Je vaux quelque chose car, pour mes parents, mon existence a du prix et, même, un grand prix. Elle ne leur est pas seulement précieuse. Elle leur est indispensable. »

Quand la cure analytique permet de remonter assez

loin, on retrouve souvent, à l'origine d'états dépressifs chroniques et graves, un manque à ce niveau. Une impossibilité qu'a eue l'enfant de s'enraciner dans le désir de ses parents. Soit parce que sa naissance n'a pas été pour eux source de joie. Soit parce que, de façon plus générale, leur histoire leur rendait le fait d'être parents douloureux, voire impossible à vivre. Prisonnier d'une telle configuration, l'enfant n'a jamais pu sentir qu'il comptait et se retrouve, de ce fait, condamné à traîner sa vie entière, comme un poids mort, ce « rien », qu'il s'imagine être.

Les différences entre l'amour parental et l'amour « en général »

Ce plaisir pris ensemble, ce bonheur à être ensemble suffisent-ils néanmoins à définir l'amour entre parents et enfants ? Non. L'amour entre parents et enfants ne se limite pas au plaisir donné et reçu dans la chaleur et la tendresse et il n'est pas définissable seulement en termes de sentiments. Car – et en cela il se différencie radicalement de l'amour « en général » – il doit, pour prétendre au nom d'amour, s'accompagner chez les géniteurs de la conscience d'avoir à accomplir une tâche. D'avoir à remplir un devoir envers leur enfant. Devoir que Françoise Dolto nommait, à juste titre, « devoir d'éducation ».

Affirmer que l'on aime un enfant alors que l'on n'a pour lui aucun projet de vie, que l'on ne s'emploie pas à lui enseigner le monde et ses lois, qu'on ne le soutient pas dans ses études, que l'on ne se préoccupe ni de sa vie sociale ni de ce qu'il ressent, n'a aucun sens. En déclarant qu'on l'aime, on ne fait, dans ce cas, qu'expri-

mer un sentiment qui, pas plus méprisable qu'un autre
sans doute, n'est cependant pas radicalement différent
de celui qu'éprouve son maître pour l'animal familier
auquel il est attaché ; qu'il nourrit et cajole mais par
rapport auquel il n'a aucune obligation particulière. Un
maître peut décider d'« éduquer » ou de dresser son
chien. Mais qu'il le fasse ou non, cela ne changera pas
grand-chose pour l'animal car il n'a, pour construire son
existence, aucun besoin de l'homme. La construction
s'effectuera de toute façon : l'instinct s'en charge... Il en
va tout autrement de l'enfant qui ne peut, lui, on le sait,
bâtir sa vie sans l'aide des adultes.

Le plaisir pris ensemble suffit d'ailleurs d'autant
moins à caractériser la relation parents-enfants que, tous
les parents le savent, l'éducation d'un enfant implique
un grand nombre de moments tumultueux. De moments
où il faut poser des actes qui, au moins dans l'instant, ne
rendent personne heureux mais qui sont indispensables.
Le parent qui met des limites à son enfant par exemple
ne peut le faire sans provoquer chez ce dernier de la
souffrance. Souffrance d'autant plus grande que, en
général, l'enfant (du moins tant qu'il n'a pas compris
l'intérêt de la chose) assimile la fermeté de son père ou
de sa mère à une marque de non-amour. Il n'est donc
pas, à ce moment-là, « heureux », et le parent ne l'est
pas davantage, qui doit, face à lui, « tenir bon » et supporter le spectacle d'une douleur qu'il sait inévitable.

Les deux premiers critères qui définissent l'amour en
général – les sentiments et le plaisir pris ensemble –
sont donc loin de pouvoir rendre compte de la nature de
l'amour parental. Qu'en est-il du troisième, la possession ? Là encore, des nuances s'imposent. Contrairement à ce que l'on pourrait croire, en effet, toute idée de
possession n'est pas dans la relation parents-enfants à
exclure.

• Pour l'enfant, sentir que ses parents lui appartiennent, qu'ils sont bien « ses » parents est important. S'il vit au sein d'une nombreuse fratrie et doit, de ce fait, les partager avec des frères et sœurs, il a même besoin – Françoise Dolto le rappelait souvent – d'avoir l'assurance que, quoique parents de tous, ils sont néanmoins ses parents « à lui tout seul ». Elle suggérait d'ailleurs que, pour ce faire, on place dans ce cas sur la cheminée la photo de chacun des enfants entouré de « ses » parents. L'idée que ceux-ci sont sa propriété personnelle constitue pour l'enfant un point d'appui pour son individuation. Savoir qu'il a des parents « à lui » lui ouvre la possibilité de se sentir « lui », un être particulier, différent des autres, et fonde sa certitude d'avoir une identité propre.

De la même façon, la conviction qu'il « appartient » à ses parents : « Je suis leur enfant » lui donne un sentiment de sécurité : « Si je suis leur enfant, cela veut dire que ce sont eux qui commandent pour moi. » C'est pour lui, dans la vie courante, d'une grande importance, notamment par rapport aux adultes (autres que ses parents) qui peuvent être appelés à le garder et à s'occuper de lui. Adultes auxquels, sans ce sentiment d'appartenance à ses parents, l'enfant, persuadé que ses géniteurs le leur ayant confié, il est désormais « à eux », peut se sentir livré.

• En retour, avoir un sentiment de possession de leur enfant est important pour les parents. La conscience que cet enfant est bien le leur et qu'ils sont bien ses parents est une façon pour eux de s'autoriser à se sentir parents et à agir comme tels avec un sentiment de légitimité. On rencontre souvent, en consultation, des parents qui, n'ayant pas été « autorisés » par leurs propres parents à l'être à leur tour, se conduisent comme si leur enfant ne leur appartenait pas. Ils ne se sentent aucun droit sur lui et, persuadés que n'importe qui pense, sait et fait mieux qu'eux, vivent comme si tout le monde pouvait décider à leur place. C'est à la fois terrifiant pour l'enfant (qui se retrouve sans point d'appui sécurisant) et dramatique pour eux qui sont comme dépossédés de leur statut parental...

Néanmoins, le caractère positif de l'idée de possession dans la relation parents-enfants s'arrête là. Car si la première différence entre l'amour en général et celui qui unit les parents à leurs enfants réside dans le devoir d'éducation qui incombe aux géniteurs, la seconde différence essentielle entre ces deux sortes d'amour tient précisément aux limites que les parents doivent mettre à leur possessivité.

Dans l'amour entre adultes, vouloir être tout pour l'autre et qu'il soit tout pour soi n'est pas contre nature. Vouloir garder l'autre pour soi n'est pas illégitime. Par ce qu'elle implique de complicité, d'intimité partagée, de solidarité sans cesse renouvelée face au monde, cette volonté d'appartenance mutuelle des amants est même souvent, pour leur relation, un facteur d'épanouissement et de solidité. Il arrive certes que, l'un des deux se révélant par trop possessif, la liberté de l'autre (ou des deux) s'en trouve amputée. Il n'y a rien là, néanmoins, de très grave. D'une part parce que, chacun des partenaires étant déjà construit, les conséquences de cette prise de possession éventuelle ne peuvent être vraiment dramatiques. Et surtout, d'autre part, parce que, si drame il devait y avoir, les protagonistes se trouveraient, pour le régler, à armes égales : étant tous deux adultes, ils auraient la même capacité d'accepter ou de refuser la situation.

Entre parents et enfants en revanche, « aimant » et « aimé » ne peuvent sauf à courir à la catastrophe être liés par un rapport de possession. Car dans cette relation les deux partenaires ne sont pas à égalité. Le rapport de force est même parfaitement inégal puisque, l'enfant étant par rapport à lui dans une situation de dépendance totale, l'adulte jouit toujours d'une écrasante supériorité.

La dépendance de l'enfant est à la fois matérielle (car sa survie dépend entièrement des adultes) et sociale : un enfant n'a que peu de droits et, s'agissant de sa famille il ne peut, seul, en exercer aucun : on ne divorce pas de ses parents. Aucun enfant, même s'il en a le désir, ne peut, sauf à être aidé par des tiers, quitter ses géniteurs même si ce qu'il vit avec eux est dramatique. Sa dépendance est également d'ordre psychique, car ses parents sont son premier objet d'amour. Il les admire et les pare, au moins pendant un temps, de toutes les qualités. Attendant d'eux un amour qui lui est aussi nécessaire que l'air, l'eau ou la nourriture, il est toujours prêt, pour l'obtenir, à faire ce qui est en son pouvoir pour leur donner satisfaction, quel que soit le prix à payer. Les parents sont aussi pour l'enfant son premier modèle et la source de ses identifications : il pense et fait comme eux. Ce qui est d'autant plus lourd de conséquences que, cette influence agissant sur lui alors qu'il est en train de se construire, elle conditionnera sa vie entière. Façonné par eux comme la glaise par le sculpteur, il sera en grande partie ce que ses parents feront de lui.

Cette hyperdépendance de l'enfant par rapport aux adultes tutélaires et l'extrême vulnérabilité à leur influence qu'implique son statut d'être en construction méritent d'être soulignées. Car tenir compte de ces deux données est la condition *sine qua non* pour comprendre que, dans le cadre de l'amour entre parents et enfants, la question du respect par l'un des limites de l'autre et celle de la possession doivent être posées tout autrement que dans celui de l'amour entre adultes. Si les parents se conduisent avec lui en « propriétaires », l'enfant n'a que deux solutions. Soit s'aliéner à eux et, abdiquant tout désir propre, accepter d'être leur objet : c'est alors pour lui la fin de toute vie. Soit tenter de leur résister. Mais cela n'est possible, on le sait, qu'au prix de symptômes physiques et psychiques qui, s'ils ne lui barrent pas définitivement tout avenir, ne pourront, néanmoins, que sérieusement l'hypothéquer.

Que des parents veuillent garder pour eux l'enfant qu'ils aiment n'a donc pas seulement pour conséquence, comme c'est le cas entre adultes, de limiter momentanément son envol. Cela l'empêche véritablement à la fois de vivre mais aussi d'être. C'est-à-dire de se construire comme « autre » différent d'eux, conscient de ses limites et du droit imprescriptible à devenir « lui » : ce qu'il peut être et non ce qu'ils lui enjoignent d'être.

La possessivité dans le rapport parents-enfants est toujours destructrice car elle amplifie l'écart de pouvoir qui existe entre eux. Elle transforme ce décalage – originel et structurel – en un écrasement de l'un par l'autre. À ce titre, on peut dire que vouloir garder un enfant pour soi n'est pas l'aimer. L'amour parental qui ne serait fondé que sur la possession ne pourrait être appelé amour.

3

Parents-enfants : savoir ce qu'aimer veut dire

Ce qui le différencie de l'amour « en général » étant posé, peut-on définir des critères qui permettraient de dire ce que devrait être, pour pouvoir mériter ce nom, l'amour des parents ?

S'il n'y a, en la matière, pas d'idéal (car on ne peut rêver d'un amour parental qui exclurait toute idée de possession et toute volonté d'emprise), il existe néanmoins des repères. Complexes, ils ne sont pour autant ni nébuleux ni abscons. Et il n'y a pas lieu de les chercher du côté d'une philosophie, d'une morale ou d'une idéologie particulières mais du côté de l'enfant lui-même.

La pratique de la psychanalyse avec les enfants permet en effet de démontrer que la qualité de l'amour parental n'est pas liée à l'intensité de l'attachement des géniteurs mais à sa nature. Qu'un amour parental ne peut être dit « vrai » qu'à partir du moment où il a pour l'enfant auquel il s'adresse une utilité. À partir du moment où celui-ci peut s'en servir pour se construire et avancer. Il ne peut donc être « vrai » qu'à deux conditions. Si les parents apportent à leur enfant, dans tous les domaines, les matériaux dont il a besoin pour devenir d'abord un « grand » puis, plus tard, un adulte. Et surtout s'ils ont, ce faisant, une conscience claire que ces dons n'ont pour but que de lui permettre, un jour, de les quitter. Pour voler seul, de ses propres ailes, vers d'autres cieux.

Aimer un enfant, en effet, c'est lui apporter en permanence paroles, amour, aide et tendresse. Non pas pour le garder pour soi. Mais pour le rendre au contraire capable de vivre, chaque jour un peu plus, loin de soi, ailleurs. Aimer un enfant, c'est faire en sorte de lui être, au fil des jours, de moins en moins indispensable. À la fois sur le plan matériel (parce qu'on l'encourage à l'autonomie) et sur celui des sentiments.

Car aimer un enfant c'est aussi – et ce n'est pas le moindre des paradoxes – l'aider à se détacher de soi afin qu'il puisse s'attacher de plus en plus à d'autres[1]. C'est, pour lui ouvrir les portes du monde, renoncer à l'exclusivité de son affection.

Aimer un enfant ce n'est donc pas pour un parent se laisser, comme dans ses autres amours, porter par ses sentiments et guider par eux. Ce n'est pas voguer au gré de son bon plaisir, de ses affects, des battements de son cœur ou de ceux de son partenaire. C'est au contraire accomplir un travail. Un travail qui commence très tôt et ne s'effectue jamais sans souffrances. Il n'est pas forcément facile de donner jour après jour à son enfant les permissions qu'il demande et qui, toutes, signent sa progression vers l'indépendance : marcher dans la rue sans donner la main, traverser seul, aller seul à l'école, se rendre à sa première « boum », etc.

Il n'est pas nécessairement aisé de le partager avec son autre parent, de le voir s'attacher à une nourrice, aux puéricultrices de la crèche, à sa maîtresse d'école,

---

1. Une mère qui aime son enfant, disait Françoise Dolto, est celle qui supporte qu'il l'aime chaque jour un peu moins pour en en aimer, de plus en plus, d'autres...

aux enseignants du collège, etc. D'autant que, passé la période de la petite enfance où les parents, malgré ces avatars, occupent pour l'enfant la première place, les choses ensuite ne s'arrangent guère. Les années passant les contraignent à supporter les liens de plus en plus nombreux que leur enfant tisse avec des personnes : des adultes qu'il rencontre dans sa vie sociale, qui l'attirent et parfois même le fascinent. Des amis et amies, « petits » et « petites » amies ; plus tard des amants, maîtresses, femmes et maris... mais aussi avec des objets ou des activités. Car les parents doivent accepter que leur enfant ait des goûts qu'ils réprouvent, des opinions qu'ils déplorent, des violons d'Ingres qu'ils jugent incongrus.

L'enfant, bien entendu, continue en grandissant (si tout va bien) à aimer ses parents. Il ne cesse jamais de leur donner dans son cœur, sa tête et sa vie, une place essentielle. Mais, même si elle reste à tout jamais particulière, elle ne sera plus jamais la première et plus jamais la seule.

Comment ne pas entendre, dès lors, que l'amour véritable entre parents et enfants est, de par sa nature même, un amour radicalement différent de tous les autres puisqu'il est le seul qui consiste pour « l'aimant » (le parent) à aimer un « objet » (l'enfant) que, non seulement il ne possédera jamais totalement (il ne possédera ni son corps, barré par l'interdit de l'inceste, ni son esprit qui doit trouver ses propres voies) mais qui lui appartiendra, au fil du temps, chaque jour un peu moins ?

Comment ne pas entendre que, alors que dans les autres amours, l'aimant travaille (en toute légitimité) à garder son objet, dans l'amour parental le parent, au contraire, travaille à le perdre (puisque l'amour qu'il lui donne est le viatique qui lui permettra de partir) ?

Comment ne pas entendre donc que cet amour, précisément parce qu'il est différent, implique de la part du parent un vécu amoureux différent, lui imposant d'œuvrer sans cesse à se détacher de l'enfant qu'il aime en même temps qu'il s'y attache. De faire en permanence coïncider attachement et détachement ? (Ce que les parents d'ailleurs, pour nombre d'entre eux, n'ignorent pas et qu'ils expriment souvent en consultation sous la forme d'une angoisse à l'idée d'être tiraillés entre deux dangers : en faire trop ou pas assez.)

Comment ne pas entendre que, bien loin de pouvoir être naturel ou facile, l'amour pour l'enfant implique au contraire, de la part du parent, un travail psychique considérable ? Puisque, ne pouvant comme dans ses autres amours jouir de la possession de celui qu'il aime, il lui faut réussir à trouver du bonheur dans sa non-possession.

Mutation forcément difficile : d'abord parce que, l'enfant n'étant pas seulement un objet que l'adulte a choisi mais un objet qu'il a véritablement fabriqué et auquel il a donné une vie qu'il a soutenue ensuite jour après jour, le lâcher est la chose la plus difficile du monde. Et ensuite parce que ne pas jouir de la possession de l'enfant – lui donner la liberté de vivre – suppose que le parent puisse trouver, dans sa relation à lui, une autre forme de satisfaction.

Personne en effet ne peut donner sans contrepartie. Pour dérangeant qu'en soit le constat, l'expérience prouve que, chez les humains, celui qui donne ne se dépouille qu'en apparence car, du don qu'il fait, il reçoit toujours en retour quelque chose : du pouvoir sur celui auquel il donne, une image de bienfaiteur qui le narcissise, etc. C'est pour lui une nécessité. De ce fait quand par malheur il ne peut, de par son histoire, tirer de son oblativité aucun bénéfice de ce type, il ne lui reste qu'une solution pour trouver une compensation : la tirer de la frustration elle-même, l'obtenir sous la forme d'une jouissance masochiste, d'une jouissance de la privation.

Dans la relation parents-enfants, une telle position (Je me sacrifie pour toi », « Sors avec tes copains. Ça ne fait rien. Nous resterons seuls... ») est, on le sait, ravageuse. À la fois pour le parent (dont elle ruine la vie) et pour l'enfant qui en devient l'otage. On rencontre ainsi souvent en consultation des adultes qui souffrent d'être, depuis toujours, écrasés par le poids de la culpabilité et d'une dette imaginaire envers leurs géniteurs. Parce que, n'ayant jamais eu la chance de rencontrer un adulte capable de leur expliquer que, entre parents et enfants, le don est normal ; que recevoir ne relève pour un enfant d'aucun privilège exorbitant mais des lois du monde, ils s'imaginent avoir été la cause du sacrifice, quand ce n'est pas du martyre, de leurs parents.

Comment éviter cet écueil ? À quelles conditions un parent peut-il être capable de ne pas jouir de la possession de son enfant sans pour autant s'installer dans la jouissance de la privation ?

À cette question, l'expérience psychanalytique avec les enfants et leurs familles donne les moyens de répondre.

Pour que l'opération soit possible, il faut que le parent puisse trouver une satisfaction profonde et vraie dans deux choses : le don et la transmission. Autrement dit qu'il puisse éprouver du bonheur à donner, sans attendre d'autre retour que le spectacle de l'épanouissement de l'enfant auquel il donne ; et à transmettre. Non seulement pour le temps où il est encore là mais pour celui, également, où il ne sera plus là. Car l'enfant est aussi un objet d'amour particulier en ceci que le parent sait d'avance que, sans que l'amour soit en rien épuisé, il sera un jour séparé de lui par la mort ; qu'il ne verra jamais pousser la totalité de ce qu'il a semé.

Il faut donc que le parent puisse, de ces pertes volontaires et sans cesse renouvelées, récupérer pour lui quelque chose. Qu'il puisse éprouver à l'idée d'être la source du développement de son enfant une joie réelle et en tirer pour lui-même une satisfaction narcissique. Satisfaction qui s'apparente sans nul doute à la fierté du bâtisseur qui, ayant consacré tout son savoir et toute son énergie à l'édification de murs capables de résister au temps et aux tempêtes, se sent, à contempler son œuvre et à être assuré qu'elle lui survivra, payé de tous ses efforts.

Et il faut aussi qu'il ait conscience, en agissant de la sorte, de s'inscrire dans la chaîne des générations. D'y occuper une place, d'y remplir une fonction que son enfant, à son tour, pourra remplir un jour : « Je fais pour toi ce que mon père autrefois a fait pour moi comme son propre père l'avait fait pour lui. Un jour, à ton tour, tu le feras pour tes enfants. »

Cette dimension de la transmission est sans doute pour les humains[1] l'une des seules choses qui puissent compenser la perspective de l'inéluctable néantisation de leur vie, de la mort inscrite à l'horizon de toute existence. Elle n'est cependant pas accessible à tous car certains sont, de par ce qu'ils ont vécu dans leur enfance, empêchés d'y avoir accès. Un enfant en effet ne peut, seul, saisir le sens de la succession des générations. Il a pour ce faire besoin des adultes.

Besoin de paroles qui lui expliquent cette succession qui fonde l'une des différences essentielles entre l'homme et l'animal. Car si un chien mort est voué au néant – sa descendance ne pouvant garder de lui aucun souvenir ni *a fortiori* transmettre quoi que ce soit – un homme mort,

---

1. Ceux du moins qui, ne croyant en aucun Dieu, n'attendent aucune suite à leur vie terrestre.

lui, continue à exister dans la mémoire de ceux qui lui survivent. Par l'inscription de ce qu'il fut dans le conscient et l'inconscient des générations qui le suivent et par les paroles qu'ils peuvent en dire.

Besoin d'exemples aussi. C'est en effet en voyant ses parents recevoir de leurs propres parents ce que, à leur tour, ils lui transmettent que l'enfant comprend (pas seulement intellectuellement, mais avec tout son être parce qu'il le vit) que l'existence fonctionne en fait comme une course de relais où chaque génération passe à l'autre le témoin. C'est de cette façon qu'il peut se sentir inscrit, de plain-pied et de plein droit, dans la suite des générations.

Quand un être humain n'a reçu de ses ascendants ni paroles ni exemples et quand son histoire ne lui a pas permis de prendre conscience de ce manque, il reste dans l'errance, suspendu dans un temps qui, ne pouvant se conjuguer au passé, au présent et au futur, est condamné à l'immobilité. Incapable de se concevoir comme le maillon d'une chaîne, il ne peut alors ressentir – au moins inconsciemment – le monde que comme un agrégat de monades isolées sans lien véritable entre elles ; que comme une sorte d'éternité morte où, l'idée de lignée n'ayant aucune signification, tout le monde (parents et enfants) est situé sur le même plan.

Cela ne l'empêche nullement d'avoir pour ses enfants des sentiments et, même, de s'occuper d'eux. Mais l'idée que sa place de géniteur lui donne à leur égard un devoir particulier de transmission lui est totalement étrangère. Elle n'a pour lui aucun sens. Il lui est même impossible de l'envisager.

En consultation, les conséquences de cette béance, de ce vide se donnent à entendre très clairement. À la fois sur le plan symbolique car le parent se révèle en général peu apte à fournir à son enfant l'aide dont il aurait besoin pour construire sa vie. Il se conduit comme s'il lui semblait normal que celui-ci découvre tout, tout seul : « Ne vous en faites pas, la vie se chargera bien de lui apprendre ! » Et sur le plan matériel. À cet égard, la question de ce que les géniteurs envisagent, ou non, de laisser à leurs enfants après leur mort est souvent très éloquente. Elle n'est malheureusement que rarement prise en compte, nombre de soignants ne la référant (à tort) qu'au seul niveau de fortune des intéressés.

La réalité cependant est tout autre. Loin de n'être qu'une affaire de richesses, le souci de l'héritage parle souvent, mieux que de longs discours, de la vérité des liens entre parents et enfants. Il existe en effet des familles très démunies où les géniteurs s'efforcent de laisser à leurs enfants tout ce qu'ils peuvent : quelques économies ou même, quand ils ne possèdent rien d'autre, quelques objets usuels. Ce sont d'ailleurs ces mêmes parents qui trouvent normal – et ils le disent – de leur transmettre tout ce qu'ils savent : des règles de vie, des savoirs techniques, des principes éthiques, l'histoire de leur famille ou celle de leur pays. Certains patients racontent ainsi le prix infini qu'ont pour eux le manuel de jardinage, le livre de cuisine, la bêche ou la scie qu'ils tiennent de leur grand-père ou de leur grand-mère. Combien ces objets dépourvus de toute valeur marchande ont représenté pour eux autant de socles sur lesquels ils ont appuyé des pans entiers de leur vie...

À l'inverse, d'autres parents autrement mieux placés dans la hiérarchie sociale et mieux nantis semblent ne se préoccuper en rien de ce qu'il adviendra après eux. Ils n'ont pas le souci de réaliser, alors qu'ils en auraient les moyens, des acquisitions susceptibles d'être, après leur mort, utiles à leurs enfants. Ils fonctionnent en permanence (et sans en être le moins du monde conscients) comme s'ils clamaient à la face du monde : « Après moi, le déluge ! »

Il n'est pas rare d'ailleurs que certains, interrogés sur ce point, finissent par répondre en toute bonne foi : « Mais enfin, je me suis bien fait tout seul, moi ! Pourquoi mes enfants n'en feraient-ils pas autant ? Ils en sont aussi capables que moi ! » Réponse d'autant plus terrible qu'ils sont à mille lieues d'en entendre la violence et de soupçonner la tragédie dans laquelle, après en avoir été eux-mêmes les victimes, ils entraînent leurs enfants.

Certains parents vont même plus loin. Ressentant, eux, confusément le besoin d'un ancrage que leurs propres parents n'ont pas pu leur fournir, ils s'accrochent à leur enfant et l'utilisent comme une sorte de prothèse d'arrimage. Certains patients témoignent ainsi de cette inversion des générations, de ces enfances et adolescences durant lesquelles, n'ayant jamais été soutenus par leurs parents, ils ont dû, de plus, remplir par rapport à eux une fonction parentale : « C'est incroyable, non seulement ils ne se sont pas occupés de moi mais, en plus, il fallait que je m'occupe d'eux. C'était le monde à l'envers ! »

Autant de chroniques du malheur ordinaire qui, s'il en était encore besoin, pourraient à elles seules attester le caractère particulier, et particulièrement complexe, de l'amour parental.

Que cet amour implique, comme nous venons d'essayer de le montrer, une pratique particulière du détachement, du don et de la transmission est une vérité première qui ne date pas d'hier. On la trouve déjà inscrite dans la Bible. Que dit d'autre, en effet, le roi Salomon lorsque, confronté à deux mères qui, chacune revendiquant qu'il est le sien, se disputent un enfant, il règle par un jugement leur différend. Posant que la vraie mère n'est pas celle qui veut à tout prix obtenir, mort ou vivant, l'enfant. Mais au contraire, celle qui, si c'est la condition pour qu'il vive, est prête, s'en séparant à tout jamais, à le laisser à l'autre. Que la mère qui aime véritablement son enfant est celle qui préfère le savoir vivant et loin d'elle plutôt que mort et dans ses bras.

Que dit par ce jugement le roi Salomon sinon qu'il ne suffit pas à un parent de revendiquer sa filiation et d'affirmer ses sentiments pour prouver qu'il aime véritablement son enfant ? Cette vérité, pourtant, notre société semble l'avoir oubliée. En ne cessant aujourd'hui d'invoquer l'amour parental sans avoir sur sa nature et son contenu une réflexion suffisante (et partant une exigence elle aussi suffisante) elle se condamne en effet à n'en rester qu'aux sentiments (mâtinés tout au plus de quelques considérations moralisantes). Ce faisant, elle crée à propos de cet amour un malentendu dont les conséquences, aussi bien pour les parents que pour les enfants, sont beaucoup plus dommageables qu'on ne le croit.

4

L'alibi des sentiments

Les conséquences sur les familles de la croyance en l'amour

Le refus de prendre en compte la spécificité de l'amour parental et sa réduction à des sentiments ont sur les familles des effets que l'on peut observer d'abord dans le travail clinique. S'ils touchent au premier chef les enfants, leurs géniteurs ne sont pas pour autant épargnés.

Les parents, en effet, même quand ils n'ont avec leurs enfants aucun problème particulier, n'ont rien à gagner à voir les tâches qu'ils accomplissent chaque jour et dont ils connaissent les difficultés réduites à des élans du cœur prétendument naturels. Dans la mesure où, on le sait, ils ne cessent de s'interroger sur ce qu'ils font (voire de se culpabiliser), il serait au contraire important de les aider à reconnaître la complexité de leur travail et le mérite qu'ils ont à le mener à bien. De leur expliquer les mécanismes psychologiques compliqués que mettent en jeu les problèmes éducatifs les plus apparemment ordinaires auxquels ils doivent, quotidiennement, faire face.

Cela leur permettrait d'être mieux armés pour réfléchir à leur fonction et donc plus à même d'affronter les moments difficiles : il en existe dans toutes les familles, surtout lors de l'adolescence des enfants... D'accepter, sachant que le rapport aux enfants n'est simple pour personne, avec un peu moins de souffrance les échecs qu'ils peuvent rencontrer. Autrement dit d'asseoir plus solidement les fondements d'une confiance en leurs capacités parentales, dont on connaît la toujours trop grande fragilité.

Le malentendu à propos de l'amour parental est également désastreux pour les parents qui rencontrent des difficultés avec leurs enfants.

Certains souffrent parce que, dupes du discours ambiant, ils attendent le miracle promis : « Ne vous inquiétez pas, ce n'est rien. Du moment que vous l'aimez tout va s'arranger ! » Et, ne le voyant pas se réaliser, finissent, faute d'autres repères, par penser que leur amour à eux est mauvais, qu'ils sont des parents « mal-aimants ». Ce qui est, on l'imagine, parfaitement « dénarcissisant ». De nombreux parents arrivent ainsi en consultation pour, désarmés et profondément déprimés, exprimer leur désarroi : « On ne comprend pas, on l'aime et on fait tout pour lui et pourtant on n'arrive à rien. » Situations que le psychanalyste qui les écoute ressent comme d'autant plus scandaleuses que le fleuve de souffrances qu'on lui présente n'était en général au départ qu'un petit ruisseau (par exemple un problème de limites qu'il aurait fallu imposer à l'enfant) et qu'un peu d'aide apportée à temps à ces parents leur aurait permis de sortir rapidement et sans dommages de l'ornière.

D'autres souffrent parce que, ayant à l'inverse des précédents fort bien compris que le problème ne relevait pas des sentiments, ils vivent comme une fin de non-recevoir et un rejet le renvoi permanent à l'amour auquel ils sont confrontés. Tout se passe pour eux comme s'ils n'arrivaient pas à faire entendre leur inquiétude et surtout à faire reconnaître sa légitimité : « Je le sentais bien, moi, que quelque chose n'allait pas. Personne ne voulait m'écouter ! »

Quant aux parents qui ne sont pas conscients de la souffrance de leur enfant ou qui refusent de la prendre en compte, les effets sur eux sont encore plus dramatiques. En annulant toute exigence, la croyance en un amour limité aux sentiments aggrave en effet le manque de repères dans lequel depuis toujours ils sont pris. Elle accroît la légitimité de leur statut imaginaire de propriétaire de leurs enfants et légalise des comportements qui, avant d'être les leurs, ont été, en général, ceux de leurs propres parents : « Et alors, c'est mon enfant, non ? Ce n'est quand même pas le pédiatre ou le directeur de l'école qui vont m'apprendre comment je dois l'élever ! » On permet ainsi au malheur de se répéter, en toute impunité, d'une génération à l'autre...

En fait, la croyance en un amour parental réduit aux sentiments a, au niveau des familles, des effets pervers évidents. Elle prive d'un certain nombre d'armes essentielles les parents soucieux de leur tâche. Elle les empêche de reconnaître son caractère ardu et, partant, leurs mérites. Tandis que, parallèlement, elle apporte une caution aux comportements destructeurs de ceux que leur histoire personnelle empêche d'être conscients de leur fonction parentale et de la souffrance de leurs enfants.

Les dégâts occasionnés par cette croyance ne s'arrêtent cependant pas là car elle a également, dans le domaine social, des conséquences d'une grande ampleur.

Les conséquences sociales de la croyance en l'amour

La plus importante de ces conséquences est la valorisation grandissante de la famille que l'on observe aujourd'hui et qui est, si l'on y réfléchit, des plus logiques. Si l'on croit, en effet, qu'un enfant n'a besoin que d'amour, si l'on estime que cet amour se réduit à des sentiments et que ses parents – simplement parce qu'ils sont ses parents – sont automatiquement programmés pour le lui donner, la conclusion s'impose d'elle-même : les parents sont les plus à même, voire les seuls capables de l'aider à grandir... quels qu'ils soient et quoi qu'ils fassent.

La survalorisation de la famille est donc la conséquence inévitable de la croyance en l'amour parental « toujours là et toujours bon » précédemment évoqué. Cette survalorisation a d'immenses effets dans nombre de domaines. Nous en citerons, à cette étape, trois.

La protection des enfants maltraités

Le fait de considérer la famille naturelle comme le milieu le plus favorable au développement de l'enfant n'est pas nouveau. Il est inscrit depuis longtemps dans le code civil[1]. Mais le rejet de plus en plus massif des placements d'enfants en difficulté dans des familles d'accueil ou des institutions et le dénigrement systématique dont ces placements font l'objet montrent, à l'évidence, que la tendance s'accentue.

On ne parle plus aujourd'hui que de maintien ou de

---

1. On peut citer, par exemple, l'article 375-2 de ce code : « Chaque fois qu'il est possible, le mineur devra être maintenu dans son milieu actuel. »

restauration des liens avec la famille naturelle. En oubliant manifestement que, si cette solution est certainement la meilleure quand elle est possible, il arrive aussi... qu'elle ne le soit pas. Certaines familles, en effet, sont dans une souffrance et une errance telles qu'elles ne peuvent donner à un enfant le minimum vital (en termes de repères, de limites, etc.) dont il a besoin sur le plan psychique pour se construire. Elles constituent même parfois pour lui, du fait de leur fonctionnement, un contre-exemple manifeste.

Que l'on ne se méprenne pas : dans ces familles, les parents ne sont en aucun cas mauvais. Ils sont seulement victimes d'une histoire personnelle qui les rend incapables d'être structurants pour leurs enfants. Ils ne pourraient le devenir qu'au prix d'un travail psychologique long et approfondi sur eux-mêmes. Mais une telle décision supposerait deux choses :

• d'une part que ces hommes et ces femmes aient un véritable désir de changement. Ce n'est, on le sait, pas toujours le cas. Confrontés dans leur enfance à des situations aberrantes, les humains n'ont souvent pour survivre d'autre solution que d'y trouver de la jouissance. Livré au sadisme d'un adulte, par exemple, et en l'absence de toute aide émanant d'autres adultes, un enfant peut soit devenir un adepte de la douleur – un masochiste – et il la recherchera alors en toutes circonstances. Soit, s'il perçoit le plaisir que son bourreau éprouve à le faire souffrir, se mettre lui-même à torturer : des animaux, ses camarades, etc.

Lorsque les circonstances permettent à un enfant de rencontrer ce type de jouissance, l'expérience prouve qu'elle s'installe en lui d'autant plus solidement qu'elle lui permet psychiquement de survivre. Jouir est, en effet, un moyen de ne pas être anéanti, de ne pas devenir fou, de ne pas s'écrouler totalement sous le poids d'une inhumanité trop radicale pour que le psychisme humain puisse la supporter, la « métaboliser ». Dans un langage cher aux adolescents de notre époque, on pourrait dire que jouir permet, dans ce genre de circonstances, de ne pas « péter les plombs »...

L'installation de cette jouissance est pour l'enfant d'autant plus dramatique que, s'il n'a pas pu être aidé avant cette époque, elle devient à l'adolescence l'un des matériaux qu'utilise, pour se construire, sa sexualité adulte naissante.

Il se trouve donc alors en danger que ses tendances masochistes ou sadiques deviennent du masochisme ou du sadisme sexuel d'adulte et, par là même, la condition désormais nécessaire à l'obtention par lui de tout plaisir soit directement sexuel (pratiques sexuelles sadiques) soit à caractère sexuel (sadisme moral).

Une telle évolution, quand elle survient, est lourde de conséquences car elle rend quasiment impossible à l'adulte l'abandon de ce mode de jouissance. On peut en effet envisager – et c'est déjà difficile – de faire un travail sur soi pour se débarrasser de symptômes qui provoquent de la souffrance. Pourquoi le ferait-on pour abandonner un fonctionnement qui est source de satisfactions ?

Si un enfant est l'objet de la perversion d'un adulte et si on ne fait rien pour le protéger, il a donc toutes les chances de le rester car il est peu probable que l'adulte, même s'il jure du contraire, fasse, lui, quoi que ce soit pour changer.

• Le maintien des enfants dans une famille perturbée, au prix que leurs parents fassent un travail sur eux-mêmes, supposerait d'autre part que ces enfants puissent, sans dommages, attendre que leurs parents aient changé. Or ils n'ont pas une telle latitude. Le temps de l'enfance est un temps de construction. Comme toute construction, celle d'un humain implique des échéances, des tournants à prendre, des « branchements » qui, s'ils ne se font pas à temps, entraînent des troubles graves.

Quand, aveuglé par le mythe de ce que l'on croit être l'amour, on maintient (ou on remet) des enfants dans des familles dont on connaît les carences graves, on les envoie donc à leur perte sans aider pour autant ces familles. Car laisser (ou rendre) un enfant à des parents dont le fonctionnement est aberrant c'est, qu'on le veuille ou non, les conforter dans l'idée que leur fonctionnement n'est pas anormal. C'est les priver de la prise de conscience minimale indispensable à tout changement. Celle qui leur permettrait peut-être de dire un jour : « Ça ne va pas. Il faudrait faire quelque chose ! »

Or si le grand public à qui l'on parle beaucoup de prise en charge de la maltraitance est laissé dans l'ignorance de ce genre de pratiques, quiconque travaille sur le terrain sait qu'elles sont monnaie courante[1]. Des centaines d'enfants, victimes de carences éducatives graves et même de maltraitances (notamment de celles dont, du fait de l'âge des enfants et/ou de la nature des actes commis sur eux, la preuve est impossible à établir en justice), sont chaque année traités de cette façon. Sacrifiés dans la plus parfaite bonne conscience par des professionnels – psys, médecins, magistrats, travailleurs sociaux – dont on ne peut par ailleurs nier l'honnêteté et la bonne volonté sur l'autel de la croyance en l'amour parental universel.

Victimes déjà de leurs familles, ils deviennent, dans une répétition tragique, celles d'une société que sa

---

1. On pourra, à cet égard, se reporter au remarquable ouvrage du professeur Maurice Berger, *L'Échec de la protection de l'enfance,* Paris, Dunod, 2003.

croyance en l'amour rend aveugle et sourde à leurs souffrances.

La prévention de la délinquance

De la même façon, quand on reçoit dans un dispensaire un enfant de cinq ans qui, en grande section de maternelle, pose déjà des problèmes graves de comportement[1] (violence, etc.) ;

quand on apprend que, étant donné ces troubles et les difficultés d'apprentissage qu'il présente par ailleurs, son passage en cours préparatoire est d'ores et déjà compromis et l'est d'autant plus qu'il est régulièrement absent de la classe sans motifs valables ;

quand on sait par ailleurs (grâce au travail des assistantes sociales de secteur) que les conditions de la vie familiale sont catastrophiques : que non seulement l'enfant n'y trouve aucun repère éducatif mais qu'il y a en permanence l'exemple de la délinquance (celle des parents ou de leurs collatéraux). Parce que, dans cette famille comme dans beaucoup d'autres, l'importance des problèmes économiques et celle de la marginalisation – voire de l'exclusion – sociale aggravent le manque de repères des parents et jouent un rôle d'amplificateur (et parfois de détonateur) de leurs problèmes psychologiques (problèmes issus d'une histoire familiale « lourde » depuis plusieurs générations mais qui, dans d'autres conditions économiques et sociales, n'auraient peut-être pas eu de conséquences aussi graves) ;

quand on sait que les aînés de la fratrie ont déjà pâti de cet état de fait, que le frère aîné est en prison à la

---

1. Cela m'est arrivé, pour ma part, un nombre incalculable de fois durant les vingt années pendant lesquelles j'ai assuré des consultations dans un service de pédopsychiatrie d'un hôpital de la banlieue parisienne.

suite de vols ou de trafics, que le deuxième est menacé d'exclusion de son collège parce qu'il y est chef de bande et auteur de déprédations diverses ;

quand il s'avère que la famille qui a enfin décidé – sous la pression du directeur de l'école et de la psychologue scolaire qui le lui demandaient depuis des mois – de venir en consultation ne reviendra pas, passé le premier rendez-vous. Parce que les parents, malgré leur histoire, ne ressentent consciemment aucune souffrance (ils l'ont évacuée pour survivre) et ne veulent rien savoir de celle de leur enfant. Et sont, d'ailleurs, d'autant moins enclins à se poser des questions qu'ils ont pu, jusque-là, faire à peu près ce qu'ils voulaient sans être vraiment dérangés (la société, par exemple, ne s'est jamais risquée à mettre en cause leur capacité d'élever leurs enfants...) ;

quand, confrontée à cette situation, l'école à bout d'arguments demande à la justice la protection de cet enfant, au moyen d'un signalement argumenté. D'autant plus argumenté, d'ailleurs, que le consultant qui a reçu l'enfant l'approuve, estimant à juste titre que celui-ci, vivant dans une sorte de loi de la jungle, ne peut que la reproduire dans sa vie ;

et quand, comme c'est monnaie courante, le signalement est soit classé par la justice (au motif par exemple que les dangers allégués ne seraient pas suffisamment graves ou prouvables), soit suivi d'une mesure d'observation effectuée par des éducateurs qui, persuadés que tous les parents aiment forcément leurs enfants, se laissent « embobiner » par les promesses que la famille, en vieille routière de la chose, ne manque pas de leur faire.

On se dit que l'on assiste, impuissants, à quelque chose que l'on pourrait nommer la chronique d'un désastre annoncé.

Et quand on retrouve le même enfant, à l'âge de douze ans, occupé avec d'autres qui ont suivi des parcours équivalents à brûler des voitures dans son quartier, et que la société, devenue amnésique, s'interroge sur les causes de cette violence et les moyens de la sanctionner. Contrainte alors de chercher des solutions du côté de la répression la plus odieuse, la plus stupide et surtout la plus manifestement vouée à l'échec (déplacements d'enfants vers d'autres départements, « maison de correction », etc.) et des explications qui, faute d'analyse du problème, finissent par induire l'idée que ces jeunes seraient nés comme ça et confinent de ce fait à un racisme qui (même s'il n'est pas volontaire) est insupportable (les « sauvageons » de sinistre mémoire par exemple).

On se dit que le mythe de l'amour parental et la survalorisation de la famille biologique qui en découle ne coûtent pas seulement cher aux individus dont ils gâchent la vie. Ils ont également pour la société un coût élevé au vu de l'importance des populations sacrifiées et de la dérive idéologique qui s'ensuit.

Il est clair en effet aujourd'hui que la croyance en l'amour et ses conséquences (l'absence de prévention efficace, l'entrée en délinquance d'enfants de plus en plus jeunes) ont fourni une manne providentielle à tous ceux qui, depuis des années, s'attaquaient à l'ordonnance de 1945[1]. C'est-à-dire remettaient en cause – par le biais de la demande qu'adultes et non adultes soient jugés de la même façon – le statut même de mineur. Avec ce que cela suppose de négation du rôle que joue l'éducation, et donc les parents, dans cette phase d'avant l'âge adulte durant laquelle l'individu est encore en construction.

Autant de reculs graves de la pensée, dont on méconnaît aujourd'hui l'importance.

---

1. Voir deuxième partie, chapitre 3.

Les mesures sociales

Le mythe de l'amour a également des effets dans le champ des mesures sociales qui concernent l'enfant et la parentalité. Un exemple instructif en a été fourni par la loi relative à « l'accès aux origines personnelles[1] ».

Cette loi vise à modifier les conditions d'accès aux informations concernant leur origine des enfants adoptés et notamment de ceux nés sous x .

À cet effet, elle institue un « Conseil national pour l'accès aux origines » auquel l'enfant pourra s'adresser pour obtenir l'identité de ses parents. Le Conseil est habilité à recevoir à la fois les éléments d'identité laissés par les mères et les demandes des enfants qui désirent y avoir accès.

Mesures dont on ne pourrait que se féliciter si elles n'étaient assorties d'une restriction de taille : la mère ne sera pas obligée de laisser son identité. Elle ne sera qu'« invitée » – c'est le terme employé par la loi – à le faire.

De plus, même dans le cas où elle la laissera, le Conseil ne pourra la communiquer à l'enfant que si elle lui en donne l'autorisation expresse.

Autrement dit, si la mère ne laisse pas son identité ou si elle refuse qu'elle soit transmise à l'enfant, celui-ci se retrouvera comme auparavant soumis à la violence insensée que représente pour un être humain le fait d'être privé du savoir sur ses origines. Violence ravageante puisque, en même temps qu'elle le condamne à l'errance, elle place sa naissance sous le signe de l'arbitraire le plus absolu et même d'un double arbitraire : celui de la mère qui le dépossède de son origine et celui

---

1. Loi du 22 janvier 2002.

– symboliquement plus grave encore – de la société qui l'autorise à le faire en toute impunité.

Cette violence prouve à quel point notre société reste aujourd'hui encore, en dépit des apparences, sourde à l'importance du psychisme. Priver un enfant de son origine est en effet aussi grave sur le plan psychique que le serait, sur le plan physique, l'autorisation donnée de prélever un morceau de son corps, un bras (ou une jambe) car les humains ont de leurs racines un besoin vital. Elles constituent les bases du sol symbolique qui leur permet de tenir (psychiquement) debout. Les empêcher de les connaître, c'est leur ôter une possibilité essentielle de s'accrocher à la vie. C'est leur imposer une mutilation psychique largement aussi invalidante et lourde de conséquences qu'une mutilation physique.

Interrogée au moment du vote de la loi sur cette absence d'obligation faite aux mères de laisser à leur enfant leur identité, la ministre de la Famille de l'époque, Ségolène Royal, a expliqué[1] qu'il n'y avait pas lieu de s'en inquiéter outre mesure. Elle était en effet quant à elle persuadée que, même sans y être obligées, la plupart des mères laisseraient leur identité. Pourquoi ? Parce que, disait-elle, il existe toujours un lien très fort entre une mère et son enfant...

Une telle déclaration ne peut que laisser rêveur. D'abord parce que, n'y aurait-il qu'une seule mère à ne pas laisser son identité, elle serait déjà une de trop : une vie d'enfant gâchée, même une seule, c'est trop... Ensuite parce qu'une telle déclaration est loin de prendre en compte la façon dont les choses se passent dans la réalité. Sur le terrain, les futures mères en détresse sont, ce n'est pas rare, influencées (même si ce n'est pas forcé-

---

1. Notamment lors d'une interview au journal de la mi-journée de France Inter le 20 novembre 2000.

ment sous la forme d'un conseil direct) par les soignants de tous ordres et les travailleurs sociaux qu'elles rencontrent. Lesquels, en toute bonne foi, considèrent souvent l'accouchement « au secret » comme un moyen susceptible de rendre moins lourd pour elles le poids de cet enfant qu'elles ne pourront pas assumer. Cette idée n'a, au demeurant, rien d'extraordinaire. Les professionnels qui la défendent témoignent d'un raisonnement identique à celui des gens bien intentionnés qui, confrontés à la douleur de leurs proches traumatisés (par une rupture, un deuil ou un échec), leur conseillent d'oublier.

Mais, ce faisant, ils commettent une erreur semblable à la leur. Car l'oubli (en forme d'annulation des causes du malheur) qu'ils proposent n'est possible pour personne. L'oubli – le vrai – ne peut jamais procéder de ce type d'effacement quasi magique : « Je vais fermer les yeux et je vais penser très fort que ce n'est pas arrivé. » Le véritable oubli, c'est-à-dire la transformation progressive de la blessure en une cicatrice supportable, ne peut s'instaurer qu'au bout d'un long travail de deuil, lequel implique toujours que soit prise, dans la souffrance, toute la mesure de la perte.

Une mère peut donc rêver d'effacer au moyen de l'accouchement sous x une grossesse dont elle aurait préféré qu'elle n'existât pas. Elle n'a cependant aucune chance d'y parvenir car cette grossesse est à tout jamais inscrite aussi bien dans son corps que dans sa tête qui ont, tous deux, porté l'enfant pendant neuf mois.

Une femme, en effet, ne porte pas seulement son enfant physiquement. Elle le porte aussi psychiquement et, s'il en fallait une preuve, les femmes qui ont dû subir un avortement l'apporteraient : il n'est pas rare qu'elles fassent, à la date où elles auraient dû accoucher, des rêves qui parlent de cet enfant qu'elles avaient conçu et

qu'elles n'ont pas pu mettre au monde ; de cette grossesse qui, interrompue dans leur corps, poursuit néanmoins son chemin dans leur tête.

Dès lors quand, croyant faire son bien, on autorise
une femme à accoucher au secret, c'est-à-dire à ne pas
inscrire – sur le papier et dans le social – une grossesse
qui est, de toute façon, déjà inscrite dans son corps et sa
tête, on lui rend sans le vouloir un fort mauvais service.
En effet, en lui permettant de réaliser, au moins en partie, son fantasme (compréhensible) d'annulation-efface-
ment, en lui évitant d'avoir à se confronter à la réalité
(« Je suis la mère de cet enfant. Je le sais et il le sait. Je
suis donc obligée d'assumer mon acte et de l'inscrire
socialement »), on lui fait certainement réaliser, dans
l'instant, une importante économie d'angoisse.

Mais, dans le même temps, on lui fait prendre un gros
risque. Celui d'être, par la suite, obligée (inconsciemment) de trouver une autre façon de manifester cette
vérité qui gît en elle et que l'on condamne au secret, un
autre moyen de l'inscrire. De les trouver par exemple
dans une maladie somatique ou une dépression ultérieure (qui sont, on le sait, pour un être humain, autant
de manières d'exprimer ce qu'il ne peut pas, ou pas
complètement, dire avec des mots). Ou même dans des
symptômes physiques ou psychiques qui pourront affec-
ter l'enfant qu'elle portera ensuite, s'il se trouve en
position d'avoir à dire ce que sa mère n'a pas pu exprimer.

Dans le domaine du psychisme, les économies à court
terme coûtent toujours, à long terme, très cher.

Dans le cadre de la nouvelle loi, le risque est pour les
mères d'autant plus grand qu'en ne leur imposant
aucune obligation et en leur laissant le choix de transmettre ou non leur identité à leur enfant le législateur les
charge en fait d'une responsabilité écrasante. C'est sur

leurs seules épaules que repose la décision. Si elles
devaient en éprouver un jour de la culpabilité, celle-ci
aurait donc toutes les chances d'être à la mesure de la
« liberté » qu'on leur a laissée. L'enfer est toujours pavé
de bonnes intentions.

Cette possibilité de secret laissée aux mères est d'autant plus critiquable que, l'expérience le prouve, celles
qui peuvent durant leur grossesse être accompagnées,
responsabilisées par rapport à leur fonction maternelle
et encouragées à laisser leur identité (« Votre enfant a
besoin que vous l'aidiez. Il a besoin pour se construire
de savoir qui vous êtes »), réussissent quasiment toujours à le faire. Et cette démarche (qu'elles n'effectuent
jamais sans la plus grande angoisse) est d'autant plus
essentielle qu'elles trouvent ensuite en elle et dans le
prix de souffrances qu'elle leur a coûté de quoi se
reconstruire et se « renarcissiser ». Autorisées par leur
acte à se dire : « Quelle qu'ait été ma peine, j'ai fait
pour mon enfant ce que je devais faire. J'ai été pour lui
jusqu'au bout une mère et je suis sûre qu'il le sait »,
elles peuvent se sentir plus en paix à la fois avec elles-
mêmes et avec cet enfant qu'elles n'ont pas pu garder ;
avoir d'elles-mêmes une image positive qui leur est plus
que nécessaire pour remettre, après cette aventure douloureuse, leur vie en marche.

Quel que soit l'intérêt de ces précisions, le point
le plus important de l'argumentation avancée par la
ministre reste cependant l'évocation qu'elle fait du lien
très fort qui existe toujours entre une mère et son enfant.

Certitude qui nous ramène au mythe de l'amour
puisque les propos de Mme Royal supposent un lien
mère-enfant à la fois toujours là et toujours suffisamment bon pour permettre à une mère la compréhension
des besoins psychologiques de son enfant.

Une telle croyance est, nous l'avons déjà dit, fausse.

Le lien n'est pas toujours présent et le serait-il qu'il ne serait pas nécessairement de nature à induire chez la mère l'idée que son enfant a besoin de connaître l'identité de ses géniteurs.

Confrontées à cette question, la réponse spontanée et sincère de bien des mères est en effet : « Mon identité ? Mais pour quoi faire ? Il aura celle de ses parents adoptifs. Et puis de toute façon il est petit, il ne comprendra pas. »

Il n'y a là en aucun cas matière à les juger. En répondant de la sorte, ces femmes ne font, sans le savoir, que parler d'elles. De l'importance qu'elles peuvent (ou plutôt ne peuvent pas) accorder à l'identité ; de ce que leur histoire leur permet (ou ne leur permet pas) de comprendre. Pour parvenir à entendre le rôle que joue dans la vie d'un être la connaissance de sa filiation, il leur faudrait une aide appropriée. Le terrain n'est pas toujours, pour des raisons déjà évoquées, à même de la leur fournir.

L'argument de Mme Royal mérite d'autant plus d'être souligné qu'il postule non seulement un lien toujours là mais un lien qui serait là d'emblée. Elle parle en effet de mères qui ne vont passer que quelques jours, voire quelques heures, avec leur enfant. Si lien il devait y avoir, il faudrait donc, si l'on suit son raisonnement, qu'il s'établisse très vite. Sa déclaration suppose qu'il n'y ait quasiment aucun délai entre la mise au monde de l'enfant et l'apparition chez la mère de ce lien. Or, si la chose est possible, nous l'avons dit, dans le monde animal (parce que tout y est réglé par l'instinct), elle ne l'est pas chez les humains.

De très nombreuses mères sans problèmes psychologiques particuliers et qui ont eu la chance d'accoucher dans de bonnes conditions témoignent tous les jours (en analyse mais aussi dans la vie) du temps qu'il leur a fallu pour reconnaître comme leur le bébé qu'elles venaient de mettre au monde. Il n'y a rien là que de très normal car, pour qu'un nourrisson soit ressenti comme sien par une femme, il ne suffit pas qu'elle en accouche. Il faut aussi qu'elle fasse dans son cœur, sa tête et son inconscient le chemin qui lui permette de le reconnaître comme son enfant ; qu'elle le mette au monde en quelque sorte une seconde fois, dans un accouchement qui, celui-ci, ne concerne pas le corps mais le désir et la parole. Il faut qu'elle fasse de ce bébé qui fut celui de son corps et de son désir de femme gestante, l'enfant du corps et du désir de la mère qu'elle est, grâce à lui, devenue. Cette adoption (car c'en est une : adoption par la mère à la fois de son enfant et d'elle-même comme mère) demande toujours du temps.

Poser que le lien qu'elle va établir avec un bébé auprès duquel elle n'a que peu d'heures à passer est susceptible de pousser une femme à lui laisser son identité revient donc à nier l'importance du travail psychique que requiert la création d'un tel lien.

Et cela revient, de surcroît, à nier l'horreur de ce que les femmes vivent dans ce type de situations. Pense-t-on vraiment en effet qu'une mère puisse normalement et tranquillement adopter un bébé dont elle sait qu'elle ne pourra en aucun cas le garder ? N'entend-on pas la cruauté qu'il y aurait pour ces mères à se donner à elles-mêmes un enfant qu'elles s'arracheraient ensuite le jour suivant ?

À méconnaître la complexité du psychisme, on risque toujours de nier la souffrance. Cette loi le montre une fois de plus, qui nie à la fois celle des mères et celle de leurs enfants.

Si elle nous semble avoir valeur d'exemple c'est que, reposant sur le mythe de l'amour, elle est une parfaite illustration de la façon dont il peut aujourd'hui servir à cautionner des projets qui confinent à l'absurde.

Car, n'en déplaise au législateur, il y a dans cette loi relative à l'accès aux origines une dimension qui défie le raisonnement. Comment penser en effet que l'on puisse permettre à des enfants l'accès à leur origine (c'est le but avoué de la loi et il vise, rappelons-le, à mettre la législation française en conformité avec la Convention internationale des droits de l'enfant[1]) tout en continuant à permettre à leurs mères de ne laisser aucune trace de cette origine ?

Comment imaginer que l'on puisse réaliser un tel miracle ?

A-t-on vu que l'on puisse respirer sans air, marcher sans sol ou nager sans eau ?

Là où un enfant de cinq ans lui-même en conviendrait : on ne le peut pas, la société décrète... qu'on le peut.

Comment ? Grâce à l'amour, celui que l'on suppose chez toutes les mères et qui va, abattant les barrières, faire contre toute vraisemblance que s'accomplisse le miracle attendu...

Cette loi sur l'accès aux origines personnelles est un exemple à méditer. Il montre l'importance considérable qu'a prise aujourd'hui le mythe de l'amour et les ravages qu'il peut faire aussi bien chez les enfants que chez leurs pères et mères.

---

1. La Convention internationale des droits de l'enfant du 20 novembre 1989 stipule (art. 7) que le droit de l'enfant à connaître ses parents doit être reconnu par les États « dans la mesure du possible » et doit être mis en œuvre « conformément à la législation nationale ».

Deuxième partie

Les enfants, victimes de l'amour

1

L'amour : de l'absence à l'inflation

Si les parents et la société dans son ensemble subissent, nous venons de le voir, les conséquences de la croyance en l'amour, les principales victimes en sont aujourd'hui les enfants et nous allons tenter de l'expliquer.

Mais il nous faut auparavant faire un rapide détour par l'histoire afin d'essayer de comprendre comment on en est arrivé là. Car, il est important de le noter, avant de devenir un facteur de régression pour la « cause des enfants », l'amour a été pour eux une source essentielle de progrès. Qu'est-ce à dire ?

L'amour absent

Aussi surprenant que cela puisse paraître, l'amour des parents pour leurs enfants, qui semble à notre époque évident, n'a pas toujours existé. Il a fallu pour qu'il survienne attendre la seconde moitié du XVIIIe siècle. Et son apparition fut si importante qu'elle signa, affirme l'historien Philippe Ariès, le véritable avènement de la famille moderne.

Qu'en était-il auparavant ? Dans son livre *L'Amour*

65

en plus[1], Élisabeth Badinter relate qu'avant la Révolution française les sentiments n'avaient aucune place dans la famille. Ils n'existaient ni entre les époux : le mariage n'était jamais affaire d'amour mais d'intérêt (on ne commencera, d'ailleurs, à pleurer la perte d'un conjoint qu'au XIXᵉ siècle) ; ni entre ceux-ci et leurs enfants. L'autorité seule dominait les rapports familiaux comme elle structurait les rapports sociaux. Le père régnait en maître sur la famille. Femme et enfants lui étaient soumis.

« Au lieu de la tendresse c'est la crainte qui domine au cœur de toutes les relations familiales. À la moindre désobéissance filiale le père ou celui qui le remplace sort les verges [...]. Pendant longtemps l'épouse fautive fut passible de la même sanction[2]. »

Le sort des enfants était donc lié à celui de leur mère et le restera. Leur place dans la société changera au fil du temps parallèlement à celle de leurs génitrices.

Cette conception des rapports familiaux se doublait d'un statut particulier de l'enfant. Avant la Révolution, l'enfant comptait peu. Il n'était pas, comme à l'époque moderne, considéré comme irremplaçable. Sa mort ne provoquait chez ses parents que peu de chagrin et ils ne se sentaient pas tenus d'assister à son inhumation. On aurait tort cependant de porter sur ce comportement des jugements hâtifs ou de s'en offusquer. Il n'a rien que de très légitime : à cette époque, souligne Philippe Ariès, du fait des conditions sanitaires, les enfants mouraient par milliers.

L'enfant ne faisait en outre l'objet d'aucune considération. Quand on daignait se préoccuper de sa personne

---

1. Élisabeth Badinter, *L'Amour en plus, Histoire de l'amour maternel, XVIIᵉ-XXᵉ siècle*, Paris, Champs Flammarion, 1998.
2. Élisabeth Badinter, *op. cit.*, p. 40.

c'était pour s'en amuser, comme on l'aurait fait d'un petit animal et non sans quelque mépris. Montaigne évoque ainsi les « niaiseries puériles » dont nous, adultes, nous amusons « pour notre passe-temps ainsi que des guenons[1] ».

Mais lorsque l'on prenait vraiment l'enfant en compte, sa situation n'était guère plus enviable car il provoquait alors de la peur. Il était en effet supposé incarner le mal, la turpitude, le péché. Saint Augustin[2] l'affirme : « Si on lui laissait faire ce qui lui plaît, il n'est pas de crime où on ne le verrait se précipiter. »

Dans cette optique l'enfant était conçu comme l'extrême inverse de la perfection que l'on attendait de l'adulte. Et ce, d'autant plus que l'on mesurait ses fautes à l'aune de celles de ses aînés. Écoutons encore saint Augustin[3] : « N'est-ce pas un péché de convoiter le sein en pleurant, car si je convoitais à présent avec une telle ardeur un aliment convenable à mon âge, on me raillerait... c'était donc une avidité mauvaise puisqu'en grandissant nous l'arrachons et la rejetons. »

En fait, jusqu'au XVIIIe siècle, l'idée d'enfance n'existe pas. On n'a aucune idée de la spécificité de cette période de la vie. L'enfant n'est alors, selon l'expression de Philippe Ariès, qu'un « adulte en miniature ». Et dans un monde où l'idée d'amour parental et celle d'éducation n'ont aucune place, cet « adulte en miniature » est pour ses parents une gêne. On va donc, dès le XIIIe siècle, s'en débarrasser en l'envoyant chez une nourrice. Cette pratique, limitée jusqu'à la fin du

1. Montaigne, *Essais*, II 8. Cité par Philippe Ariès *in L'Enfant et la vie familiale sous l'Ancien Régime*, Paris, Le Seuil, Points Histoire, 1975, p. 62.

2. Saint Augustin, *La Cité de Dieu*, livre XII. Cité par É. Badinter, *op. cit.*, p. 43.

3. Saint Augustin, *Confessions*, livre I. Cité par É. Badinter, *op. cit.*, p. 43.

XVIᵉ siècle à l'aristocratie, se généralisera peu à peu jusqu'à s'étendre, au XVIIIᵉ siècle, à toutes les couches de la société.

La naissance de l'amour

Dans le rapport parents-enfants, le deuxième tiers du XVIIIᵉ siècle inaugure un changement radical. Une révolution se fait jour dans les mentalités. Le projecteur qui n'était jusque-là braqué que sur l'autorité du père se déplace en effet vers la mère. Et, fait notable, parallèlement à la valeur nouvelle qu'on lui accorde, on promeut les sentiments qu'elle peut avoir pour son enfant. On la crédite désormais d'un amour maternel. Cette évolution est, selon Élisabeth Badinter, attribuable à plusieurs facteurs. C'est l'époque où l'on commence à s'intéresser à la démographie et à reconnaître l'importance des populations pour l'essor des nations. C'est aussi l'époque de Rousseau (l'*Émile* est publié en 1762) et des Encyclopédistes qui dessinent une nouvelle image de l'enfant, celle d'un être immature qui, du fait de sa faiblesse, requiert aide, éducation et protection. Ils mettent en avant son bien et le posent surtout comme la seule justification possible à une autorité parentale jusque-là conçue comme un droit abstrait et absolu. Enfin, c'est l'époque d'une attention nouvelle portée au bonheur. On ne se contente plus d'attendre la félicité éternelle promise aux vertueux après leur mort. On tient à ce qu'elle soit précédée d'un bonheur terrestre et l'on situe la famille comme le lieu où il peut par excellence se développer.

Fort de ces certitudes, on découvre assez logiquement la nécessité que les rapports familiaux – liens entre époux ou entre ceux-ci et leurs enfants – soient, pour être heureux, fondés sur l'amour. Un amour qui n'a pas, précisons-le, le visage de la passion mais celui de la tendresse. Les mariages sont de moins en moins arrangés. On glorifie la maternité, l'allaitement, les soins attentifs donnés aux enfants.

Le XVIIIe siècle marque donc dans la conception du rapport parents-enfants un tournant décisif. Le lien entre eux est désormais reconnu et valorisé. Il est même chargé de valeurs morales. L'idée d'une responsabilité parentale commence peu à peu à se faire jour.

« Progressivement les parents s'estiment de plus en plus responsables du bonheur et du malheur de leur progéniture[1]. »

Une nouvelle place pour l'enfant

Cette évolution va se poursuivre pendant tout le XIXe siècle où se met en place tout ce que nous connaissons aujourd'hui en matière d'enfance.

L'enfant devient le centre de la vie familiale et le qualitatif l'emporte désormais sur le quantitatif puisque l'on a, à cette époque, le souci d'avoir moins d'enfants pour pouvoir s'occuper d'eux davantage. On leur accorde une place dans la maison avec des meubles à leur taille, un matériel spécialisé (trotteur, table à langer, etc.), des vêtements particuliers. On observe les enfants. On les soigne. C'est la naissance de la puériculture et d'une pédiatrie scientifique qui a le souci de l'hygiène et de régimes alimentaires adaptés. Le premier service de pédiatrie en France ouvre à l'hôpital des Enfants malades en

---

1. Élisabeth Badinter, *op. cit.*, p. 172.

1802, la première consultation de nourrissons en 1892 à l'hôpital de la Charité.

L'éducation devient une préoccupation centrale. On construit des bâtiments scolaires adaptés. Les instituteurs sont encore peu nombreux et mal formés mais on met au point des méthodes pédagogiques, un matériel et des manuels spécialisés. Le baccalauréat est créé en 1808, la première école maternelle en 1881.

Cette reconnaissance grandissante d'une spécificité de l'enfance va de pair avec une importance croissante accordée aux sentiments qui unissent les parents à leurs enfants.

L'image de rapports qui ne seraient fondés que sur l'autorité et la soumission, les menaces et les corrections, tend de plus en plus à s'estomper. On valorise désormais l'idée d'une « pédagogie familiale » dont le but est de conduire l'enfant vers la socialisation.

Néanmoins, il ne faut pas l'oublier, ces progrès ne touchent que les classes aisées. Les enfants des milieux défavorisés ne bénéficient d'aucun de ces privilèges. Les petits pauvres n'ont ni jouets ni espace à eux et jusqu'à ce que, en 1882, Jules Ferry rende l'école obligatoire de six à treize ans, ils travaillent, dès leur plus jeune âge, et dans des conditions effroyables. Il faut à cette époque naître riche pour avoir le droit d'être considéré comme un enfant...

Une nouvelle représentation de l'enfant

Le XXᵉ siècle va amplifier le souci de l'enfant. Il voit surgir dans le monde entier des expériences pédagogiques d'une grande importance : Maria Montessori en Italie, Makarenko en Union soviétique, Summerhill en Grande-Bretagne, Freinet en France... Une volonté de protéger les enfants commence à se faire jour : la première loi contre l'inceste est votée en Grande-Bretagne en 1908.

Mais c'est après la Première Guerre mondiale et surtout dans les années 1960-1970 que des changements majeurs vont apparaître. Ils sont dus à la fois au boum économique, aux progrès de la médecine et aux acquis des luttes sociales, celles des femmes notamment.

L'enfant est de moins en moins considéré comme un fardeau. La contraception et l'avortement permettent de décider de sa venue. Grâce à l'accouchement sans douleur (puis à la péridurale), sa naissance s'effectue dans de meilleures conditions. Accouchement ne rime plus systématiquement avec cauchemar et maternité avec malédiction.

C'est un changement fondamental et il n'est pas sûr que l'on en ait, aujourd'hui encore, pris toute la mesure. Si l'on a beaucoup dit en effet ce qu'il représentait pour la « cause des femmes » dans son ensemble, on a beaucoup moins étudié ses conséquences sur le rapport des mères à leurs enfants et sur l'image de l'enfant lui-même.

Or le bouleversement est radical. Que l'accouchement ne soit plus pour sa mère une torture délivre l'enfant d'un « péché originel » dont le poids pouvait hypothéquer sa vie entière. La médecine lui permet désormais de faire mentir les sorcières qui s'étaient bien souvent penchées sur le berceau de cette mère pour lui prédire l'horreur. Né autrement que dans la souffrance, il cesse d'être la preuve vivante d'une condition féminine placée sous les seuls auspices du sacrifice et de la douleur et transmise comme telle de génération en génération... Quant aux mères, la rencontre avec leurs enfants n'étant plus écrasée sous le poids du « devoir » (on « devait » être mère et on « devait » souffrir pour l'être), elle peut devenir affaire de désir et de plaisir.

Ce vécu nouveau de la maternité contribue sans nul doute à ce que l'enfant, désormais partenaire et non plus cilice, puisse être perçu par sa génitrice comme une personne, un individu. Et cette perception nouvelle n'est pas sans influence sur l'image qu'en a la société dans son ensemble.

En outre, la protection sociale et les innovations techniques (« petits pots », couches jetables, machine à laver, etc.) facilitent notablement la vie matérielle durant les premières années de l'enfant, toujours éprouvantes, on le sait, pour la famille. La vie de l'enfant qui, à la fin de la Première Guerre mondiale, était encore en permanence menacée (quarante-cinq enfants sur mille naissaient mort-nés ; parmi les survivants, cinq sur mille mouraient avant un mois et quinze sur mille avant un an) est de mieux en mieux protégée par les avancées de la pédiatrie et la découverte des vaccins. La famille qui n'est plus submergée par les angoisses de mort ou écrasée par le quotidien peut devenir plus disponible pour une relation avec lui. Elle peut désormais envisager pour lui un avenir autre qu'improbable et s'investir dans sa préparation.

Parallèlement, la science avance dans la connaissance de l'enfant de plus en plus jeune. On s'intéresse à la phase de zéro à trois ans, aux nourrissons (aujourd'hui aux fœtus). On se préoccupe de leur développement, de leurs apprentissages. On crée des lieux, des matériels, de nouvelles catégories de personnels. Les crèches modernes apparaissent en 1945, les psychologues y entrent en 1960.

Enfin, et c'est sans doute le changement majeur, la conception que l'on a de l'enfant change. Dans cette transformation, la psychanalyse a occupé une place centrale en montrant à la fois la complexité du psychisme des enfants et l'importance déterminante de l'enfance pour le reste de l'existence. En fait, en faisant de l'enfant le maître du destin de l'adulte, la psychanalyse a inversé le rapport imaginaire adulte-enfant. Non sans conséquences.

La première de ces conséquences a été de rendre impérative la prise en compte et en charge du psychisme des enfants. Si tout se joue dans l'enfance, comment éviter de soigner dès cet âge ? Et dans cette prise en charge la psychanalyse a eu également un rôle déterminant. À plusieurs niveaux : avant la Seconde Guerre mondiale. Grâce aux psychanalystes qui, après Freud, ont commencé à analyser des enfants (Hermine von Hug-Hellmuth, Anna Freud, Melanie Klein...). Après la guerre : grâce à tous ceux qui, à leur suite, ont fondé des institutions (comme Bettelheim à Chicago en 1947) ou se sont investis dans les secteurs où l'on s'occupait d'enfants (pédiatrie, psychiatrie...). Formant des personnels et bataillant pour que l'on prenne en compte le désir de l'enfant et son histoire, en des lieux où, dans les années 1950-1960, on attachait encore les enfants agités, où, dans les pouponnières, les nourrissons tétaient seuls, le biberon calé entre des langes.

Grâce aussi à ceux qui, comme Donald Winnicott en Grande-Bretagne ou Françoise Dolto en France, n'ont pas hésité à se servir des médias pour amener le grand public à comprendre l'importance de l'enfance.

Révélant l'importance de l'enfance, la psychanalyse a également modifié la représentation du rapport parents-enfants, devenu sous les projecteurs de la théorie freudienne fondamental.

En effet, en montrant et en démontrant la place qu'occupent les parents dans la structuration de leur enfant, la psychanalyse a fait de leur rôle un problème central.

Elle a mis au premier plan la question de leur responsabilité et certains, d'ailleurs, n'ont pas manqué de s'en offusquer. S'appuyant sur une lecture erronée des textes ou sur une confusion entre les errements de certains psychanalystes et la théorie elle-même, ils ont accusé Freud et ses disciples de culpabiliser les parents. Critique qui ne cesse depuis de faire florès et dont nous aurons ultérieurement l'occasion de montrer la non-pertinence, l'ambiguïté et les conséquences néfastes qu'elle a sur la « cause des enfants ».

L'inflation d'amour

Comment est-on passé de cette importance légitime accordée à la personne de l'enfant et à un lien parents-enfants désormais pensé en termes d'affectif et de responsabilité, à l'inflation d'amour qui nous submerge aujourd'hui ?

La question est sans doute trop complexe pour qu'un psychanalyste puisse prétendre seul lui apporter une réponse et elle nécessiterait certainement un travail pluridisciplinaire approfondi. On peut cependant, sans prétendre être en rien exhaustif, suggérer quelques pistes de réflexion.

En premier lieu, remarquer que cet « hymne à l'amour » tous azimuts va de pair en ce début de XXIe siècle avec un désinvestissement croissant de la notion d'éducation. Plus on chante l'amour et moins on éduque... Cette inflation d'amour est donc probablement le produit d'une dérive qui, partant de l'idée que « l'enfant est une personne », aurait conduit à oublier qu'il est une personne « en construction » et ne peut se développer sans l'autorité des adultes et les repères de leur éducation.

Dans cette dérive, la psychanalyse a certainement joué un rôle. Non pas par sa théorie qui donne une place centrale à l'éducation, mais par la lecture qui en a été faite.

Celle-ci, en effet, a souvent consisté à mettre en avant le désir de l'enfant et, en un véritable tour de passe-passe, à transformer ce désir en instrument de la toute-puissance ou du bon plaisir de l'intéressé. De quelle façon ? Soit en oubliant que tous les désirs sont bornés par des interdits, qu'ils rencontrent tous des limites. (Si l'on peut tout désirer, on ne peut pas tout faire : j'ai le droit de vouloir la mort de mon voisin, pas celui de le tuer.) Soit en refusant de mettre ces limites par crainte de traumatiser l'enfant. (« Je lui ai dit cent fois de ne pas dessiner sur les murs du salon mais, que voulez-vous, je ne peux quand même pas l'empêcher de s'ex-primer... ») Vision caricaturale et parfaitement destruc-trice qui a laissé, notamment après 1968, des centaines d'enfants englués dans un bain permanent d'explica-tions pseudo-psychanalytiques (proférées en général sur un ton doucereux) et dans un manque criant de paroles structurantes qu'ils n'ont cessé ensuite, toute leur vie, de payer.

Cette lecture a été d'autant plus ravageante qu'elle s'est doublée, pour bien des adultes, de conclusions hâtives tirées de leur expérience personnelle du divan. Certains, en effet, bouleversés d'avoir découvert en ana-lyse la répression éducative dont ils avaient été l'objet, en sont venus à « jeter l'enfant avec l'eau du bain ». C'est-à-dire à confondre l'usage, tyrannique ou sadique, que leurs parents avaient pu faire de l'éducation avec l'éducation elle-même et à considérer cette dernière comme le mal absolu. Devenus parents à leur tour, ils se sont donc souvent retrouvés, face à leurs enfants, désemparés. Ligotés par la peur de leur faire subir ce qu'eux-mêmes avaient enduré et dépourvus, quant à leur position parentale, de tout sentiment de légitimité : « C'est plus fort que moi, chaque fois que j'exige quelque chose de lui, je me demande de quel droit je fais ça... »

Mais tenter de rendre compte de notre « hymne à l'amour » par la simple addition de trajets individuels ne peut suffire car il a, indéniablement, une fonction sociale.

Si, comme nous l'avons avancé, il va de pair avec un vide éducatif grandissant on est fondé à se demander quelle place il occupe par rapport à ce vide et, par exemple, si sa mise en avant n'est pas destinée précisément à lui servir d'alibi. Dans cette optique, l'« amour » serait pour notre société une position de repli commode qui permettrait, chaque fois que ce vide apparaît, de changer de registre et de décharger les parents du poids de leurs responsabilités éducatives.

Si cette hypothèse est soutenable et il nous semble qu'elle l'est car c'est ainsi, nous l'avons dit, que bien souvent les choses se passent sur le terrain, elle appelle deux séries de questions. D'une part : pourquoi ce vide éducatif ? D'où vient-il ? D'autre part, pourquoi faudrait-il, au lieu de l'affronter, le travestir, le masquer en l'habillant des oripeaux d'un « amour » dont on galvaude le sens ? Pourquoi faudrait-il annuler la responsabilité parentale ? Pourquoi protéger ainsi les parents et de quoi ?

Le bouleversement des structures familiales traditionnelles

On peut sans doute, pour tenter d'expliquer le recul de la volonté éducative, s'appuyer sur l'idée maintes fois développée qu'éduquer est devenu aujourd'hui une tâche particulièrement ardue et avancer, à l'appui de cette thèse, des arguments d'ordre sociologique.

En premier lieu, le démantèlement des structures familiales traditionnelles (accroissement du nombre des divorces, des familles monoparentales, recomposées, etc.). Il rend effectivement plus difficile la mise en place de repères et la transmission de valeurs et accroît notablement la difficulté qu'ont certains parents, du fait de leur histoire, à situer leur enfant à sa place par rapport à leur couple, à l'interdit de l'inceste et à la différence des générations.

Confrontés au désormais fameux « T'as pas le droit, t'es pas mon père (ma mère) ! » adressé par leur progéniture à leur nouveau (ou nouvelle) partenaire, bien des pères et des mères se disent plus désemparés que si l'autorité contestée était celle de l'autre parent biologique. Le fait mérite d'être relevé car il prouve que si, pour ces parents, la biologie peut fonder une légitimité au sein de la famille (et constituer par là même un point d'appui pour leur autorité), leur désir seul ne le peut pas. Tout se passe comme s'ils étaient dans l'incapacité de signifier à leur enfant (normalement) rebelle que, le nouveau partenaire ayant été choisi par eux, il occupe de ce fait même une place de plein droit. « Cette femme est là parce que j'ai décidé qu'elle serait ma femme. Elle n'est pas ta mère mais elle sera dans cette maison comme une mère. Tu n'es pas obligé de l'aimer mais je te prie de la respecter et de faire ce qu'elle te demande. »

Cette incapacité est lourde de conséquences car, outre les incessants conflits d'autorité qu'elle entraîne, elle conduit à ce que ne puisse être posé entre l'enfant et le nouveau partenaire l'interdit de l'inceste. Si ce dernier n'a pas de place « officielle », s'il n'est pas situé clairement par rapport à l'autre parent, comment pourrait-il être interdit ?

De fait, des centaines d'enfants et d'adolescents prisonniers de ce type de relations bancales vivent aujourd'hui – et souvent sans que personne s'en aperçoive – dans des situations que l'on peut qualifier d'incestueuses. En effet, même si ces configurations familiales ne donnent lieu pour eux à aucun acte incestueux, elles ne permettent pas que des limites soient mises à leurs désirs (inconsciemment) incestueux. Les places n'étant pas clairement situées, rien n'empêche par exemple ces enfants d'annuler la différence des générations ; de faire jouer au nouveau conjoint le rôle d'un copain ou d'une complice ; ou même de fantasmer sexuellement (inconsciemment et parfois consciemment) sur lui ou sur elle.

Cette dimension incestueuse est audible dans bien des thérapies. Il n'est pas rare en effet que l'on entende par exemple dans ce cadre un adolescent parler sans s'en rendre compte de sa nouvelle belle-mère comme il parlerait de sa copine : « La nouvelle meuf de mon père, elle est vraiment canon ! » Et s'en montrer d'ailleurs, quand on le lui fait remarquer, le premier étonné.

Malheureusement tous les enfants et adolescents n'ont pas la chance de pouvoir accéder à ce type de prise de conscience. Le vacillement des repères auxquels ils sont confrontés pèse donc lourdement sur eux.

Le fait de vivre dans un monde amputé de sa règle essentielle influe sur leur structuration. Ils multiplient les symptômes et ne sont pas toujours aidés comme ils le devraient car, les véritables causes de leurs errances n'étant pas repérées, celles-ci désarçonnent les professionnels. Ces jeunes gens en effet ne correspondent pas aux critères devenus classiques des « adolescents à problèmes ». Ils ne vivent pas dans des milieux défavorisés, ont des parents plutôt présents et ne pâtissent apparemment d'aucune carence éducative majeure.

Les manques dont ils souffrent ne sont pas évaluables par les moyens de la sociologie et l'on voit là d'ailleurs les limites des arguments sociologiques. De tels exemples montrent en effet à l'évidence que les problèmes ne tiennent pas tant à la modification des structures familiales qu'à la façon dont on les fait vivre aux enfants. C'est-à-dire à l'incapacité dans laquelle se trouvent de nombreux parents de repenser, à partir de ces nouvelles donnes, leur fonctionnement familial et ses règles. Alors même que, en perpétuelle mutation, il impliquerait que des repères éducatifs encore plus rigoureux et précis qu'auparavant soient donnés aux enfants.

Mais l'incapacité de son père ou de sa mère de poser son désir n'a pas pour seule conséquence de mettre l'enfant en porte à faux par rapport au nouveau conjoint. Elle fausse aussi pour lui le sens même de l'interdit de l'inceste. Si en effet beau-père et belle-mère ne sont pas clairement interdits et que les parents biologiques seuls le soient, cela ne peut signifier qu'une chose : que la biologie, seule, fonde l'interdit de l'inceste.

Or celui-ci n'est pas un interdit biologique. Que le père et la mère de naissance soient « sexuellement interdits » à l'enfant ne tient pas pour l'essentiel au fait qu'ils sont ses parents biologiques mais à leur place de mari ou de femme de son autre parent.

Ce n'est pas la biologie qui fonde l'interdit de l'inceste mais la loi humaine et les rapports de parenté qu'elle instaure.

L'interdit de l'inceste ne relève pas de la nature (il n'existe d'ailleurs pas dans le règne animal) mais de la culture. Il est même, comme l'a montré l'anthropologue

Claude Lévi-Strauss[1], ce qui signe le passage de la nature à la culture. Or, contrairement à ce que l'on pourrait penser, la compréhension de cette dimension « culturelle » de l'interdit de l'inceste n'est pas pour l'enfant un luxe dont il pourrait se passer. Elle est pour lui essentielle.

Que cette dimension lui soit expliquée, dès son plus jeune âge et le plus clairement possible, a pour l'enfant valeur d'initiation. « Tu vois, depuis toujours, les hommes ont décidé que les enfants ne pourraient pas épouser leur mère ou leur père. Parce que, si une telle chose était possible, tout le monde deviendrait fou. Tu imagines, toi, si tu étais à la fois le petit garçon de ta maman et son mari ? Comment ferais-tu pour savoir qui tu es ? Tu ne pourrais pas t'y retrouver ! »

Ces explications lui permettent en effet de commencer à comprendre (il serait même sans doute plus juste de dire « de commencer à sentir ») que les relations entre les humains ne sont pas comme les relations entre les animaux. Elles ne restent pas livrées au pulsionnel et à l'instinct. Elles sont régies par des règles établies par eux et que l'on dit à juste titre « civilisées ».

Cette compréhension acquise à l'aube de sa vie joue pour l'enfant un rôle déterminant. C'est elle qui lui permet d'accepter plus tard l'idée que la sexualité humaine est de la même façon « civilisée ». Qu'elle n'est donc pas affaire de force brutale mais de désir, de parole et de respect de l'autre. Il peut ainsi trouver la force de résister à la tentation qu'il pourrait avoir d'user par la contrainte de partenaires qui ne seraient pas consentants.

En fait, l'énoncé de la dimension culturelle de l'interdit de l'inceste est le savoir à partir duquel l'enfant peut

---

1. Claude Lévi-Strauss, *Les Structures élémentaires de la parenté* (1ʳᵉ édition en 1947), Paris, EHESS, 1967.

commencer à appréhender ce que veut dire « être un humain ». C'est-à-dire acquérir les fondements de ce que l'on pourrait appeler une « éthique intériorisée » qui est le seul rempart possible contre l'animalité en général et la violence en particulier.

Le déclin de la fonction paternelle

Au bouleversement des structures familiales il faut ajouter, pour rendre compte de la difficulté d'éduquer, le déclin dans nos sociétés de la fonction paternelle et son corollaire : la montée en puissance des mères. Il complique dans bien des cas, pour les parents comme pour les enfants, le repérage des fonctions dans la famille. La volonté affichée de « partager à égalité » l'autorité dans le couple se solde souvent par exemple par une dissolution de cette autorité.

Dans ce désinvestissement de la fonction paternelle, la psychanalyse – ou plus exactement les psychanalystes ont certainement joué un rôle.

Nombre d'entre eux en effet ont diffusé la théorie – ou ce qu'ils croyaient telle – en « oubliant » le rôle du père ou, sous prétexte que ce rôle serait essentiellement symbolique, en cantonnant le géniteur à ne faire guère plus que de la figuration. Tendance que l'on a pu repérer également dans leur pratique, beaucoup trouvant normal de recevoir régulièrement les mères de leurs petits patients alors que, durant toute la cure des enfants, ils ne voyaient – toujours « symboliquement » sans doute – les pères qu'une seule fois (voire dans certains cas pas du tout).

Ce qui d'ailleurs en disait à leur insu très long sur l'importance qu'ils accordaient au dit « symbolique ».

La « culture du narcissisme » et ses conséquences

Si les explications d'ordre sociologique permettent – même si elles n'en rendent pas totalement compte – de commencer à comprendre la difficulté d'éduquer, elles sont loin néanmoins de pouvoir expliquer le « repli sur l'amour » qui l'accompagne.

Pour y parvenir, il faut probablement interroger le rôle que jouent les idéologies en vigueur. En premier lieu, nous semble-t-il, ce que l'historien et philosophe américain Christopher Lasch a nommé la « culture du narcissisme[1] ». C'est-à-dire la tendance qu'a notre époque à privilégier l'individu aux dépens du social. À rejeter les combats et le collectif pour prôner le « vivre pour soi ». À rechercher non plus, comme au XVIIIe siècle, le bonheur mais ce que l'on nomme aujourd'hui l'« épanouissement personnel » et que l'on pourrait définir (si l'on voulait se montrer quelque peu acerbe) comme une volonté de mettre au centre du monde son nombril tout en tentant d'en étirer indéfiniment les contours pour qu'il occupe la plus grande surface possible.

La survalorisation de la famille

Une telle préoccupation pour soi-même ne peut qu'avoir des conséquences sur la parentalité. Elle explique, en effet, d'abord la mise en avant de la famille et la montée en puissance des valeurs familiales que connaît notre époque. Montée en puissance qui, tel Janus, a deux visages. Celui, plutôt sympathique, du

---

1. Christopher Lasch, *La Culture du narcissisme*, Castelnau-le-Lez, Climats, 2000.

« cocooning » dont les magazines ne cessent de nous vanter les vertus : la promotion de la famille et du domicile familial comme lieux privilégiés du bien-être. Mais aussi un autre visage, nettement plus grimaçant, celui par exemple dont l'exclamation scandalisée « Mais c'est quand même sa famille ! » dessine les traits et que se voit souvent opposer l'intervenant qui tente d'obtenir, pour un enfant que ses parents maltraitent, le droit d'aller vivre ailleurs.

L'indignation que sa demande suscite (et qui ne serait sans doute pas pire s'il proposait de faire vivre un oiseau dans un aquarium ou un poisson à la cime d'un hêtre) dit, mieux que de longs discours, la force du « hors la famille, point de salut ! » qui régit notre époque.

En quoi la « culture du narcissisme » peut-elle expliquer cette valorisation grandissante de la famille ?

Elle le peut si l'on admet qu'elle fait occuper à cette famille une double fonction. Elle pose, en effet, la cellule familiale d'une part comme une sorte de prolongement de l'individu, de pseudopode de lui-même (les magazines là aussi ne cessent de nous en renvoyer l'écho : « Moi, mon ego, mon couple, ma famille, etc. »). Et d'autre part, comme un rempart contre un extérieur dont le tintamarre pourrait venir troubler la contemplation de soi : « Protégé par mes quatre murs et la présence de ma famille, si proche de moi qu'elle fait quasiment partie de moi, je peux enfin ne m'occuper que de moi. »

Ce positionnement particulier de la famille permet de comprendre que sa valorisation qui devrait logiquement conduire à une promotion équivalente de l'éducation, valeur familiale par excellence, mène en fait dans ce contexte à l'inverse : à un recul de l'éducation. Un tel recul est logique : l'éducation consiste à initier l'enfant au monde, à lui transmettre les valeurs qui ont cours à l'extérieur, dans la société. Or cet extérieur est, par la « culture du narcissisme », banni...

De fait, les règles sociales sont aujourd'hui de moins en moins transmises dans la famille (les instituteurs ne cessent de s'en plaindre). Comme si, à partir du moment où l'on est « chez soi » et « entre soi », tout était permis, y compris ce qui ne l'est pas au-dehors. On est ainsi, en consultation, de plus en plus souvent obligé de rappeler à des parents que, s'ils laissent faire à leur enfant à la maison telle ou telle chose que la société prohibe, il aura plus tard, notamment à l'école, les pires ennuis.

Le recul de l'éducation

Mais le repli sur le cocon familial n'est pas la seule donnée qui permette de comprendre le recul éducatif car, cocon familial ou pas, l'éducation ne peut faire que très mauvais ménage avec la « culture du narcissisme ».

La préoccupation exclusive pour soi-même implique, en effet, quelques mises à distance. En premier lieu celle de toute question d'un « au-delà de soi » (que cet au-delà se situe dans le temps ou dans l'espace). Si l'on est centré sur soi-même on ne peut se préoccuper ni de ce qui se passe autour de soi ni de ce qui se passera après soi. « Autre », « étranger » et « postérité » sont des notions qui, dans un tel contexte, n'ont pas cours. Cette exclusion de tout « ce qui n'est pas soi » a pour un psychanalyste d'étranges échos car elle n'est pas sans évoquer pour lui une tentative de retour à une sorte de « principe du plaisir » généralisé.

L'évocation est d'ailleurs d'autant plus forte que cette mise à distance s'accompagne d'une autre : celle de toute idée de travail, de devoir, de transmission. Si mon bien-être est mon unique finalité, il ne peut être aussi que mon seul guide et me conduire à rejeter toute exigence extérieure (morale, politique ou autre) qui m'obligerait à des réflexions ou à des actes qui pourraient venir le troubler.

Christopher Lasch l'écrit clairement[1] : « Vivre dans l'instant est la passion dominante. Vivre pour soi-même et non pour ses ancêtres ou la postérité. Nous sommes en train de perdre le sens de la continuité historique, le sens d'appartenir à une succession de générations qui, nées dans le passé, s'étendent vers le futur. C'est le déclin du sens du temps historique et en particulier l'érosion de tout intérêt sérieux pour la postérité. »

On comprend donc que, dans un tel contexte, l'éducation, qui est pour les parents un travail et un devoir portant tous deux sur la transmission, soit en recul.

Pour éduquer un enfant il ne suffit pas de lui exposer son ego et de s'abîmer dans la contemplation du sien. Il faut prendre le temps et la peine, jour après jour, de lui parler, de l'écouter, d'intervenir par rapport à ce qu'il dit et fait.

Il faut avoir une représentation de son avenir, pouvoir soutenir pour lui un projet, s'interroger et, certains jours, s'inquiéter. S'il y a, à éduquer, un bonheur indéniable, chaque parent sait bien qu'il est chaque jour à gagner. Toujours à regagner...

Mais la démarche éducative impose aussi à celui qui s'y livre une autre contrainte. Elle l'oblige à considérer l'enfant comme un autre, un être séparé de soi et auquel on s'adresse. Cette dimension de l'altérité nécessaire de l'enfant est essentielle à prendre en compte car elle per-

---

1. Christopher Lasch, *op. cit.*, p. 31.

met sans doute de comprendre pourquoi, dans le cadre de la culture du narcissisme, l'éducation a été désinvestie au profit de l'amour.

Contrairement à l'éducation, en effet, l'amour peut fort bien s'accommoder d'une vision de l'autre qui en fait un prolongement de soi-même. Et il le peut d'autant plus quand il s'adresse à l'enfant car Freud nous le rappelle[1] : l'amour pour l'enfant est un amour particulier. Parce qu'il est, nous dit-il, un prolongement inconscient de l'amour que l'on a pour soi-même. Pour un « soi-même » qui n'est de surcroît pas n'importe lequel puisque, loin d'être notre « soi » d'adulte, il est celui du nourrisson que nous fûmes au temps de ce qu'il nomme « narcissisme primaire ». C'est-à-dire de l'époque où, persuadés d'être le centre et le maître d'un monde avec lequel nous pensions ne faire qu'un, nous nous sentions assurés d'une toute-puissance absolue.

En nous confrontant à la réalité, la vie nous a, plus tard, contraints à réaliser que cette toute-puissance n'était qu'illusoire. Nous avons dû choir de notre piédestal et renoncer à notre « narcissisme primaire ». Mais ce renoncement, nous dit Freud, n'est jamais définitif car ce narcissisme abandonné, l'adulte le fait revivre chaque fois qu'un enfant lui naît.

De quelle façon ? En prêtant à cet enfant qui paraît – à ce « *His Majesty the Baby* », comme il le nomme – les attributs magiques que la vie lui avait, à lui, autrefois confisqués. Nous créditons toujours l'enfant de toutes les perfections. Nous en faisons toujours un objet parfait. D'autant plus parfait que sa perfection ne raconte en fait que notre propre perfection perdue, pour la circonstance ressuscitée.

---

1. Sigmund Freud, « Pour introduire le narcissisme », *in La Vie sexuelle*, Paris, PUF, 2002.

On comprend dès lors que, dans le cadre de la culture du narcissisme, l'amour, ou ce que l'on croit tel, devienne la norme et qu'il se développe aux dépens de l'éducation.

En aimant l'enfant, c'est soi-même que l'on aime. En ne l'éduquant pas, en n'exigeant rien de lui, c'est soi-même que l'on protège des exigences. Du même coup, certains des problèmes que l'on nous présente souvent comme des énigmes trouvent à s'élucider. Ces enfants par exemple que leurs parents comblent, au-delà la plupart du temps de ce que leur permettraient leurs moyens financiers, de tous les gadgets à la mode alors que, par ailleurs, ils ne s'occupent pas d'eux, ne font rien pour mettre un terme à leur absentéisme scolaire, etc.

Ce type de mystère s'éclaire car ce qui paraissait contradictoire ne l'est plus.

Les gadgets en effet ne coûtent que de l'argent et rien n'est jamais trop beau pour, en gâtant l'enfant, se gâter soi-même. Mais faire ce qu'il faudrait pour qu'il aille à l'école serait d'un tout autre coût. Il faudrait le payer du prix des limites à poser, de la frustration à imposer.

Parler d'amour est tellement plus facile...

Un retour en arrière ?

Le XXIe siècle, prisonnier de son « hymne à l'amour », sera-t-il celui d'un retour en arrière ? C'est une question que l'on peut se poser.

Si en effet, comme nous le pensons, l'amour, tel qu'on le prône actuellement, sert d'alibi et de cache-misère au recul de l'éducation, il y a là l'occasion d'une très sérieuse régression. Sur plusieurs plans.

Régression d'abord par rapport à la découverte – qu'a faite, nous l'avons dit, le XXe siècle – de la complexité du psychisme de l'enfant et de ce dont il a besoin pour se construire.

Régression ensuite parce que le retour, par le biais de l'amour, à un prétendu naturel (« l'amour toujours là et toujours bon » que nous évoquions précédemment) ressemble à s'y méprendre à un retour à l'instinct. Instinct dont déjà le XVIIIᵉ siècle s'était démarqué notamment grâce à Rousseau qui situait clairement l'éducation du côté de la morale et non de l'instinct. Régression aussi puisque la théorie de l'« amour » menant à ce que l'on n'ait aucune exigence envers les parents va en fait à contre-courant de toute idée d'éthique. Elle autorise implicitement les géniteurs à faire avec leurs enfants ce que bon leur semble. Si certains, on le sait, seront toujours à mille lieues d'abuser de cette autorisation, ce n'est pas le cas de tous et notamment pas de ceux à qui leur histoire n'a pas donné de repères. Régression surtout parce que se contenter d'aimer un enfant et ne pas l'éduquer revient, quoi que l'on en veuille, à le laisser se débrouiller tout seul. Tout seul, c'est-à-dire ni plus ni moins comme un adulte.

Et d'ailleurs, on ne cesse de nous le dire, les rues de certains quartiers sont pleines d'enfants qui, faute d'éducation, se prennent pour des adultes et commettent à dix ans des délits d'adultes.

Aimer les enfants et ne pas les éduquer revient donc à nier leur statut d'enfants et à les mettre en position d'adultes. C'est-à-dire à les faire retourner des siècles en arrière au temps où n'était pas encore reconnue la spécificité de l'enfance. Si l'amour tel qu'on le prône actuellement est aujourd'hui un danger pour les enfants, ceux en tout cas de nos pays développés (ceux des pays en voie de développement étant aux prises avec la barbarie, la guerre, la prostitution, la misère et le travail forcé) c'est qu'il sert de paravent à une situation qui consiste à voler aux enfants leur statut d'enfant et donc leur enfance. Vol d'autant plus scandaleux qu'il s'effectue, évidemment, au nom de bons sentiments.

2

L'enfant face à la justice

Dans sa façon d'appréhender les manquements aux règles sociales des enfants et des adolescents, la justice a suivi une évolution en tous points semblable à celle dont nous venons de retracer les grandes lignes.

Elle a commencé, en effet, par ignorer l'idée d'enfance : pendant des siècles les fautes des enfants ont été traitées comme celles des adultes. À dix ans ou à soixante, on était jugé et puni de la même manière. Puis, peu à peu, le droit a pris en compte une notion nouvelle : celle de « minorité », que l'on a vue progressivement se préciser et se développer pour aboutir en 1945 à la mise en place d'une véritable justice des mineurs.

Ce cheminement de la justice mérite d'être examiné car il débouche aujourd'hui lui aussi sur une situation que l'on peut qualifier de dangereuse pour les enfants.

La justice des mineurs et les principes qui la fondaient sont, depuis peu, remis à maints égards en cause. Le risque se profile donc que le XXIe siècle soit dans ce domaine également celui d'un retour en arrière pour les enfants...

Dans son livre *L'Enfant et sa famille face à la justice*

le magistrat Philippe Chaillou[1] relate la façon dont, du Moyen Âge à nos jours, la justice a considéré les enfants.

L'Ancien Régime

Le droit français de l'Ancien Régime n'établit, dit-il, aucune règle particulière pour les mineurs. Pour une raison simple : le concept de minorité n'existe pas. Les enfants sont jugés comme les adultes. On consent tout au plus dans certains cas à diminuer la peine qu'ils encourent lorsque l'on considère qu'ils n'étaient pas, au moment où ils les ont commis, conscients de leurs actes.

Le code criminel révolutionnaire de 1791 introduit dans cette situation un changement notable ; par deux mesures. Il fixe une majorité – à seize ans. Et il met en place, pour évaluer la gravité de la faute, un nouveau critère : le discernement. Désormais les juges devront prendre en compte la compréhension que le prévenu avait au moment des faits du caractère délictueux de l'acte qu'il commettait.

Précisant un âge pour la majorité, le code de 1791 instaure du même coup une minorité. Et même, pourrait-on dire, une double minorité puisqu'elle est définie d'une part par l'âge – avant seize ans – et d'autre part par la capacité d'apprécier sa propre conduite : le discernement. Notion d'autant plus importante qu'elle permet au législateur de distinguer deux périodes. Celle d'un « avant le discernement » : le jeune justiciable, n'étant pas alors apte à comprendre ce qu'il fait, ne peut

---

1. Philippe Chaillou, *Le Juge et l'Enfant*, Toulouse, Privat, 1992. Philippe Chaillou est aujourd'hui président de la chambre spéciale des mineurs à la cour d'appel de Paris.

être puni. En cas de manquement aux règles il est donc soit remis à ses parents soit placé en maison de correction. Et celle d'un « après le discernement » où, supposé doté d'une lucidité suffisante, il devient passible de sanctions pénales.

En instaurant un « avant le temps des mesures pénales », le code de 1791 marque un tournant important dans la prise en charge des mineurs car il ouvre la porte à la possibilité que soient prises durant cette période des mesures éducatives. Que l'enfant puisse être éduqué quand son âge et son manque de discernement ne permettent pas encore qu'il soit sanctionné par la loi.

Le code de 1810

Le code de 1810 reprend les trois idées-forces du précédent : discernement, excuse de minorité et possibilité que, à côté des peines, soient mises en place des mesures éducatives.

Il s'inscrit dans une évolution[1] qui, partant du critère juridique de « discernement », va voir apparaître peu à peu celui « d'éducabilité » qui finira à terme par le remplacer.

Pourquoi distinguer l'une de l'autre ces deux notions ? Parce que la différence entre elles est importante. Le « discernement » en effet renvoie à la vision d'un enfant conçu comme un « adulte en miniature » dont les capacités de jugement sont à l'instar sans doute de sa taille considérées comme restreintes.

À l'inverse l'« éducabilité » évoque la conception moderne de l'enfance : celle d'une évolution progres-

---

1. Philippe Chaillou, *op. cit.,* p. 55.

sive de l'individu. Elle s'appuie, d'une part, sur l'idée que la compréhension de ses actes n'est pas là pour l'enfant d'un seul coup, qu'elle s'élabore peu à peu, et d'autre part, sur la certitude que l'on peut par l'éducation agir sur cette élaboration, aider l'enfant à former son jugement ; l'amener peu à peu à une prise en compte des lois sociales et à une conscience claire de ses actes.

Le code de 1810 est donc porteur d'avancées théoriques indéniables. Malheureusement, en dépit des progrès qu'elles représentent, elles n'auront guère d'effet sur la réalité. La situation des mineurs, au début du XIXe siècle, reste dramatique car l'« intendance » ne suit pas : les moyens de mettre en application les principes établis par le droit font défaut. Il n'existe aucune structure capable d'accueillir les jeunes détenus qui continuent d'être incarcérés dans des prisons d'adultes ou remis à la marine.

La Petite Roquette

Sous la monarchie de Juillet, néanmoins, une volonté de construire des quartiers pour mineurs commence à se manifester. Elle conduit à l'édification à Paris d'une maison de correction, la Petite Roquette, que le roi Louis-Philippe inaugure en 1836. Elle est destinée aux mineurs de huit à vingt ans et regroupe cinq cent quatre-vingt-huit cellules[1]. Les enfants et les adolescents qui y sont détenus sont issus majoritairement de milieux défavorisés. Les motifs de leurs condamnations sont toujours les mêmes : vol, vagabondage ou mendicité... les

---

1. Voir la description de la Petite Roquette dans l'ouvrage de Nadeije Laneyrie-Dagen (dir.), *Les Grands Événements de l'histoire des enfants*, Paris, Larousse, 1995.

délits de la misère. Tous sont incarcérés pour des durées si longues qu'elles peuvent aujourd'hui nous sembler aberrantes. Pourtant, de tels châtiments n'ont à l'époque rien d'extraordinaire. Marie Rouanet qui, pour son livre *Les Enfants du bagne*[1], a étudié les registres de Montpellier (1825-1831), cite des exemples équivalents :

« L'an mil huit cent vingt six, moi, Roux, gendarme en la résidence de Montpellier, ai en vertu de l'arrêt ci-dessus transcrit, conduit et écroué en la maison centrale de Montpellier Jean Alary, enfant naturel, domestique, condamné à deux ans de prison pour vol simple ; Simon, dit le Petit Bâtard, onze ans et demi, deux ans de prison pour vol d'un lapin et de deux canards ; Louis Jacques, enfant naturel, treize ans, vol de bêtes à laine dans une bergerie, cinq ans de réclusion, exposition au carcan et surveillance à vie... » D'autres fois, le gendarme s'appelle Berthomieu, d'autres fois Castain. C'est l'année 1828-1829 :

« Jean Vincensini, incendie d'une récolte de froment et d'orge : dix ans de correction » ; « Jean, enfant naturel. Mendicité. En correction jusqu'à vingt ans » ; « Simon Chaylan, condamné à huit ans et demi pour vol, déclaré à dix ans et demi repris de justice et condamné pour vol d'objets à quatre ans et onze mois » ; « Joseph Bourely, repris de justice à quinze ans (la première fois il en avait treize). Dix ans de correction » ; « Cluzé Antoine, cinq ans de prison pour vol d'une bourse contenant de l'argent » ; « Honoré Cabanier, berger, vol de comestible et autres objets dans une maison : jusqu'à vingt ans dans une maison de correction... » ; « Joseph Cyrien, enfant naturel de l'hospice d'Annonay, deux ans de prison pour vol... », etc.

---

1. Marie Rouanet, *Les Enfants du bagne*, Paris, Payot, documents, 1992, p. 36-37.

Des années de vie volées pour un seul et misérable objet dérobé...

Mais si les peines font, par leur longueur, frémir le lecteur de notre siècle, la description des conditions de vie faites aux jeunes détenus a de quoi le plonger dans l'horreur.

La vie quotidienne[1]

À l'ouverture de la Petite Roquette, en 1836, les activités de jour sont collectives. Mais à partir de 1839, l'administration, prenant prétexte d'une épidémie de grippe, établit la règle de l'isolement absolu.

Désormais, toute communication entre les prisonniers est proscrite. Durant toute leur détention, interdiction leur est faite de se rencontrer, de se parler et même de se voir. Contraints à une solitude inhumaine, les seuls êtres vivants qu'ils ont le droit d'approcher sont les gardiens.

Privés de la vision de leurs semblables, privés d'échanges et de parole, ils sont également ligotés dans leurs mouvements. Les déplacements dans la prison leur sont interdits. Levés à 5 heures du matin l'été et à 6 h 30 l'hiver, les enfants et les adolescents doivent rester confinés dans leur cellule. Elle mesure cinq mètres carrés et ils n'ont le droit d'en sortir que pour une promenade quotidienne de vingt minutes.

Elle a lieu dans une cour ou un préau et ils ne s'y rendent qu'accompagnés d'un gardien. On redoute en effet qu'ils n'utilisent le temps du trajet pour essayer de se voir ou de se parler. Dans leur cellule, ils travaillent.

---

1. Nadeije Laneyrie-Dagen , *op. cit.,* p. 241.

Neuf heures par jour. Ils sont cordonniers, imagiers, ciseleurs.

Outre ce temps de labeur, ils « bénéficient » en semaine de deux heures quotidiennes d'« école ». Une bien étrange « école » puisque les « élèves » ne rencontrent jamais l'instituteur...

Celui-ci, en effet, « se place à l'extrémité d'un couloir desservant trente-quatre cellules d'un coup et fait à l'intention de cette "classe", de façon aveugle, une courte dictée. La transmission de sa voix est assurée par les bouches d'aération des cellules[1] ».

Comme si l'isolement ne suffisait pas à châtier, la nourriture est fruste et elle n'est délivrée qu'en quantité limitée. Les punitions sont nombreuses : privation d'aliments, de lumière, de promenade, mises au cachot. Pour quels motifs les enfants sont-ils punis ? Certains parce qu'ils ont tenté pendant la promenade de communiquer. D'autres parce que, fous de peur, de solitude ou de colère, ils se sont, à un moment ou à un autre, laissés aller à pousser quelques cris de désespoir.

Réduits à l'état d'objets sadisés et impuissants, leurs sens mutilés de la plus horrible manière, ils sont de plus livrés en permanence au regard tout-puissant de l'instance qui les emprisonne. La Petite Roquette est en effet construite sur le modèle du *Panoptique*[2] de Bentham. Son architecture permet que l'on puisse en permanence et d'un seul point surveiller tous les détenus. Chaque enfant est donc vu à tout moment, où qu'il soit et quoi qu'il fasse alors que lui-même n'a pas le droit de voir. Le piège est parfait. On a, sous couvert de correction,

---

1. *Ibid.*, p. 241.
2. Jeremy Bentham, moraliste et législateur britannique, décrit en 1787 dans *Panopticon* (en français *Panoptique*) l'architecture d'une prison qui permettrait aux gardiens de surveiller à la fois tous les détenus.

fabriqué l'une des plus belles machines à rendre fou qui soit. On ne s'étonnera donc pas que, dans ces conditions, on trouve sur les registres qui recensent les morts de la prison des suicidés qui ont moins de douze ans.

La fermeture de la Petite Roquette

Pourtant alors que, dès 1850, les établissements du type de la Petite Roquette sont remis en cause, on devra attendre 1865 pour que la prison soit fermée.

Encore faut-il noter que cette fermeture ne sera pas obtenue sans mal.

Il faudra, en effet, qu'une intervention du député républicain Jules Simon devant le corps législatif provoque une visite de l'impératrice Eugénie pour qu'une commission d'enquête soit nommée, qui révèle enfin les conditions inhumaines d'existence faites aux enfants.

La Petite Roquette : un exemple à méditer

Pourquoi rappeler, comme nous venons de le faire, ce que fut la vie à la Petite Roquette ?

D'abord parce qu'un tel rappel relève du devoir de mémoire. Devoir qui, trop souvent négligé déjà quand il concerne les adultes, n'est le plus souvent même pas envisagé quand il s'agit des plus jeunes. On aimerait d'ailleurs que notre société devienne un jour suffisamment civilisée pour que, le sort des enfants la préoccupant alors vraiment, elle cesse d'oublier leur histoire.

Et se donne les moyens de célébrer, avec celui de tous les enfants martyrisés de par le monde, le souvenir de ceux qui furent en toute légalité et impunité torturés, pendant près de trente ans, à la Petite Roquette.

Mais le rappel de leurs souffrances a aussi une autre utilité. Celle de nous inciter à la réflexion.

La vie dans cette prison a valeur d'exemple car elle atteste, mieux que de longs discours, du sort qui peut être celui des enfants lorsque, incapables d'imputer leurs actes délictueux à une absence d'éducation, on les attribue à quelque « nature mauvaise » qu'on leur suppose.

À la Petite Roquette ce sont des enfants et des adolescents considérés comme intrinsèquement « mauvais », « malfaisants », etc., que l'on enfermait. Si la faute qu'ils avaient commise était toujours, systématiquement et quelle qu'elle soit, si lourdement punie c'est qu'on lui donnait alors un statut particulier. À lire les jugements, on a souvent l'impression en effet que ce n'est pas, à l'époque elle que l'on jugeait mais ce dont, croyait-on, elle témoignait : la nature « vicieuse » de son auteur. Nature dont la faute, aussi minime ait-elle été et se fût-elle limitée au vol d'une pomme, était supposée révéler l'immensité.

La vie de paria à laquelle on condamnait le coupable dans les geôles où on l'enfermait n'était que l'écho de cette conception.

Le fantôme de la Petite Roquette

D'où venait une telle vision de la délinquance ? Elle n'était sans doute pas sans liens avec la théorie qui présidait à l'époque aux destinées de la psychiatrie, celle de « l'hérédité dégénérescence ». Au XIXe siècle, en effet, les troubles mentaux et les déviances qu'ils entraînaient étaient considérés comme l'effet de « tares » dont on attribuait l'origine à l'alcoolisme et à la syphilis et dont on pensait qu'elles se transmettaient, en s'aggravant, de génération en génération. Accomplissant précocement des actes que la morale réprouve, le jeune délinquant n'échappait sans doute pas à la suspicion de telles « tares »...

Ses délits apportant la preuve des penchants coupables dont il avait, pensait-on, hérité, la société se devait de se débarrasser de lui. Et le faisait en le « cassant », telle une branche pourrie et sans plus d'égards qu'elle n'en aurait eus pour elle...

Le temps a passé.

La théorie de l'hérédité dégénérescence n'a aujourd'hui plus cours. La psychiatrie l'a depuis longtemps remise en cause, mais on aurait tort de penser que toute idée d'un jeune délinquant par essence anormal ou taré soit pour autant définitivement rejetée avec elle dans ce que l'on pourrait, avec d'autres, nommer les « poubelles de l'Histoire ».

Si personne à notre époque n'ose plus affirmer en tout cas publiquement que les délinquants sont nés délinquants (et sont donc, quoi que l'on fasse, condamnés de ce fait à le rester), tout danger n'est pas pour autant écarté.

Chaque fois, en effet, que l'on oublie le rôle de l'éducation, c'est-à-dire chaque fois que l'on oublie que nul ne peut, sans être éduqué, devenir un être capable de vivre dans le respect des autres, on prend un risque. Celui de se voir obligé, n'ayant plus d'autre moyen de l'expliquer, d'attribuer la délinquance à une supposée « nature » du délinquant. Notre société qui, affolée par la montée de l'insécurité, tend de plus en plus à privilégier la sanction au détriment de l'éducation devrait s'en souvenir. Car la Petite Roquette n'est peut-être morte qu'en apparence. Elle est en effet fermée depuis longtemps. Mais son fantôme n'a, de toute évidence, pas fini de hanter les couloirs des ministères. Quiconque aujourd'hui, prenant connaissance des textes, essaie de penser un peu plus loin que le bout de son nez et de ses angoisses sécuritaires, ne peut, à la lecture de certaines mesures, que l'entendre planer, menaçant, sur la justice de notre pays.

Nous aurons l'occasion d'y revenir. En attendant reprenons le cours de l'histoire où nous l'avons laissé. C'est-à-dire au milieu du XIXe siècle...

La loi du 5 août 1850

La loi du 5 août 1850 « sur l'éducation et le patronage des jeunes détenus » poursuit l'évolution engagée par le code de 1810. Elle pose deux principes : celui de la séparation des mineurs détenus d'avec les adultes et celui de leur éducation.

En fait pour les mineurs jugés responsables de leurs actes (ceux qui, supposés avoir agi « avec discernement », sont condamnés à plus de deux ans d'emprisonnement) cette loi ne sera jamais vraiment appliquée ; les prisons, en effet, sont loin d'avoir, toutes, des quartiers pour mineurs et l'on n'a pas les moyens d'éduquer.

En revanche, pour les condamnés qui, aux termes de l'article 66 du code pénal, sont considérés comme ayant agi « sans discernement », elle va être l'occasion d'un changement. Ils seront désormais envoyés dans des lieux spécialisés. Pour les filles, des congrégations religieuses. Pour les garçons, des « colonies agricoles », c'est-à-dire des structures que l'on va créer à cette époque en France et dans toute l'Europe avec l'idée que le travail au grand air, à l'écart des villes, est le moyen le plus efficace pour œuvrer au redressement des jeunes délinquants. La loi prévoit en effet qu'ils seront, dans ces colonies, « élevés en commun sous une discipline sévère et appliqués aux travaux de l'agriculture ainsi qu'aux industries qui s'y rattachent » et qu'il sera en outre « pourvu à leur instruction élémentaire ».

Ces colonies n'ont pas toutes le même statut. Certaines sont privées, d'autres publiques et placées sous la direction de l'Administration pénitentiaire. L'une des plus célèbres d'entre elles – elle finira par être considérée à l'échelle internationale comme un modèle – est fondée en 1837. C'est la colonie de Mettray. Elle comptera parmi ses pensionnaires un adolescent promis à un avenir illustre : Jean Genet. Le futur écrivain y entrera en 1925, à l'âge de quinze ans, après avoir été condamné à une peine de trois mois de prison (qu'il effectuera à la Petite Roquette) et à la détention en colonie jusqu'à l'âge de vingt ans.

« Quand je fus conduit à la maison de correction de Mettray, écrit-il dans *Miracle de la rose*[1], j'avais quinze ans et dix-sept jours et je venais de la Petite Roquette. »

Il en sortira néanmoins trois ans plus tard, en 1928, parce qu'il décidera, devançant l'appel, de rejoindre l'armée.

Quelle faute avait commise Jean Genet pour être condamné à une si lourde peine ? « On m'a mis à Mettray parce que j'ai pris le train sans billet et j'ai été condamné à trois mois de prison et à la colonie pénitentiaire de Mettray jusqu'à vingt ans[2]. »

Les châtiments peuvent, une fois encore, sembler disproportionnés par rapport aux fautes. Le biographe de Jean Genet, Jean-Bernard Moraly[3], avance d'ailleurs que le motif invoqué par l'écrivain lui-même pourrait ne pas être le bon.

Une telle condamnation n'a cependant rien d'origi-

---

1. Jean Genet, *Miracle de la rose. Œuvres complètes*, I.II, Paris, Gallimard, 1951, p. 275.

2. Jean Genet, émission de la BBC, 16 avril 1985.

3. Jean-Bernard Moraly, *Jean Genet, La vie écrite*, Paris, La Différence, 1988.

nal. Marie Rouanet, par exemple, en recense dans les archives de la Haute-Garonne bien d'autres qui la valent largement[1] : « 1872 : pour avoir volé une certaine quantité de plomb sur la toiture de l'église Saint-Jean d'Alès, Caysselin, Pierre-Louis, pour vagabondage, est envoyé en correction jusqu'à dix-huit ans ; 1887 : pour un vol de saucisson, comme auteur et comme complice, Frédéric Albert passera cinq ans à Aniane, de treize à dix-huit ans ; 1888 : les trois frères Baron, Jean-Pierre, Jean-Marie, Pierre, quatorze ans, treize ans, dix ans, orphelins de mère, père domestique, incorrigibles, dont "toutes les vues sont tournées vers le sol", en prennent chacun jusqu'à vingt ans. Les deux aînés vont à Aniane, le plus jeune à Saint-Éloi ; 1889 : trois ans à Aniane pour avoir trouvé un portefeuille et gardé le tout. La mère, journalière, a quatre enfants naturels », etc.

Il existe à l'époque une raison officielle pour justifier la longueur de ces peines : la volonté d'éduquer. On pose en effet que, la détention n'ayant plus seulement pour but l'éloignement du jeune délinquant mais son « redressement », il faut du temps. On peut cependant en avancer une autre, moins glorieuse, qui tient au fait que les jeunes détenus constituent une main-d'œuvre rentable (parce que totalement gratuite) à laquelle les colonies surtout quand elles ont le statut d'entreprise privées ont du mal à renoncer...

Pour les mineurs délinquants, le XIXᵉ siècle se termine donc sur une dramatique contradiction : d'un côté des lois qui marquent toutes des avancées positives et, de l'autre, une mise en œuvre catastrophique de ces textes. Pour eux le XXᵉ siècle, en donnant naissance à une véri-

---

1. Marie Rouanet, *op. cit.*, p. 87-88.

table justice des mineurs, va marquer l'avènement d'une
ère nouvelle.

La loi du 22 juillet 1912

La mise en place de cette nouvelle justice commence
en 1906 par le vote d'une loi qui fait passer la majorité
pénale de seize à dix-huit ans. Elle sera suivie d'une
autre, le 22 juillet 1912, qui préfigure ce que nous
connaissons actuellement.

Cette loi institue une juridiction spéciale, le tribunal
pour mineurs, et donne la prééminence aux mesures
éducatives sur les peines. Elle crée l'« enquête sociale »,
c'est-à-dire un moyen que la société se donne de savoir
qui est le mineur incriminé et dans quelles conditions il
a jusque-là vécu. Et, dans le même esprit, elle met en
place au niveau de l'instruction une « enquête de personnalité » destinée à connaître non seulement le prévenu mais sa famille. Elle instaure par ailleurs la
« liberté surveillée », c'est-à-dire la possibilité que le
mineur, restant dans sa famille, y soit suivi par des personnes déléguées par le juge.

Malheureusement ces mesures ne seront, une fois de
plus, guère suivies d'effet dans la réalité. Le tribunal
pour enfants n'est pas une véritable juridiction spéciali-
sée : il n'est qu'une formation du tribunal correctionnel.
Le travail éducatif est rendu impossible par l'absence
d'équipements. Les enquêtes de personnalité restent
souvent lettre morte car elles ne sont pas obligatoires.
Quant à la liberté surveillée elle est, là aussi faute de
moyens, confiée à des bénévoles qui n'ont pour cette
tâche aucune compétence.

La justice se trouve donc en position d'impuissance et
la situation est d'autant plus problématique que, sur le

terrain, les motifs d'inquiétude se multiplient. Les conditions de vie se dégradent chaque jour un peu plus. Dans toutes les colonies des révoltes, des mutineries éclatent, des scandales se révèlent. Effervescence généralisée qui conduit à une explosion : l'organisation, à la suite de la mort d'un jeune colon, d'une campagne de presse menée dans le quotidien *France-Soir* par le journaliste Alexis Danan.

Cette fois les choses ont été trop loin pour que les autorités puissent continuer à tergiverser. Il leur faut regarder la réalité en face. Admettre que le recrutement et la formation des personnels qui encadrent les mineurs dans les lieux de détention posent de graves problèmes et qu'il convient de les régler au plus vite.

Bien que tardive, cette prise de conscience obligée des gouvernants porte ses fruits : la décision est prise de mettre en place d'autres types d'établissements.

Trois décrets-lois, promulgués en 1935[1] vont transformer profondément le système. Mais le mouvement sera malheureusement interrompu par la guerre. Celle-ci n'empêchera pas néanmoins que le sort des mineurs soit à nouveau considéré.

Le 27 juillet 1942, en effet, une loi est votée, qui rompt définitivement avec la notion de discernement et annonce l'ordonnance de 1945.

La mise en place d'une véritable justice des mineurs : l'ordonnance de 1945

À la sortie de la guerre, le gouvernement provisoire du général de Gaulle se donne, entre autres tâches, celle

---

1. Décrets-lois du 30 octobre 1935.

d'en finir avec les modes de traitement de la délinquance qui avaient caractérisé les époques précédentes.
Il décide la fermeture des lieux d'incarcération : bagnes
d'enfants et maisons de correction, et la mise en place
d'une justice des mineurs fondée sur une véritable prise
en compte de l'enfance et de sa protection.

Le texte qui fonde cette nouvelle justice est une
ordonnance : l'ordonnance du 2 février 1945[1].

L'exposé des motifs est fortement marqué par le
contexte historique puisque l'on y entend à la fois la
volonté de reconstruire et la conscience accrue du prix
de la vie humaine qui peuvent être celles d'un « après-
guerre » :

« Il est peu de problèmes aussi graves que ceux qui
concernent la protection de l'enfance, et parmi eux ceux
qui ont trait au sort de l'enfance traduite en justice. La
France n'est pas assez riche d'enfants pour qu'elle
néglige tout ce qui peut en faire des êtres sains. »

Portée par ces convictions, l'ordonnance pose trois
principes essentiels :

• les mineurs délinquants ne doivent relever que de
juridictions spécialisées ;

• la sanction doit devenir l'exception et les mesures
éducatives, la règle ; l'article 2 le dit très clairement
dans son alinéa 1 : « Le tribunal pour enfants et la cour
d'assises des mineurs prononceront, suivant les cas, les
mesures de protection, d'assistance, de surveillance et
d'éducation qui sembleront appropriées » ;

• la détention provisoire des mineurs doit être limitée
par rapport à celle des majeurs.

De plus, contrairement aux textes qui l'ont précédée,

---

1. Parue au *Journal officiel* le 4 février 1945.

l'ordonnance ne se contente pas d'affirmer des principes.

Pour la première fois dans l'histoire de la justice des mineurs ceux-ci ne resteront pas lettre morte car on va se donner les moyens de passer des paroles aux actes. À partir de 1945, des juridictions spécialisées sont créées : les tribunaux pour enfants et une nouvelle catégorie de magistrats est instituée, « les juges pour enfants », qui vont devenir le pivot de cette nouvelle entreprise.

À bien des égards, la justice mise en place par l'ordonnance de 1945 est révolutionnaire. Rompant en effet avec le type de croyances pensées et impensées dont une institution comme la Petite Roquette était le symptôme, elle ne considère plus le mineur qui « faute » comme un personnage malfaisant qu'il faudrait à tout prix briser pour protéger la société. Elle le décrit comme un être en construction dont les dérapages manifestent qu'il n'a pas reçu l'aide et les appuis dont il aurait eu besoin et stipule que la société se doit de les lui apporter.

Elle propose donc comme première tâche aux magistrats d'évaluer ce dont il a manqué. Précisant – fait notable – qu'il convient de le faire en prenant en compte non seulement le mineur lui-même mais également son milieu familial. À cette fin elle enjoint au juge des enfants de procéder « à une enquête approfondie sur le compte du mineur, notamment sur la situation matérielle et morale de la famille ». Ces investigations, précise-t-elle, pourront être effectuées par des services sociaux spécialisés et complétées par un examen médico-psychologique dont elle n'oublie pas de souligner l'importance.

On aurait tort de ne considérer ces prescriptions que

comme de simples dispositions techniques car elles témoignent d'un bouleversement radical.

Elles attestent en premier lieu une volonté profonde de modifier le statut de l'acte du mineur délinquant. Pour la première fois, en effet, un texte législatif fait de cet acte un « symptôme », au sens que l'on donne à ce mot dans le domaine de la pathologie somatique ou mentale. Un « symptôme » c'est-à-dire un ensemble de dysfonctionnements qui, pour être compris, doivent être référés à la pathologie dont ils émanent.

L'ordonnance de 1945 fait de l'acte du mineur délinquant un symptôme car elle le crédite d'un sens. Elle le désigne comme le signe, le révélateur des difficultés matérielles et/ou psychologiques de son auteur.

Mais elle ne s'en tient pas là car, postulant que ces difficultés ne sont pas attribuables au seul mineur (à sa personnalité, à son « caractère ») mais aux liens qui se sont tissés entre lui et son milieu de vie, elle se met en position de ne plus l'appeler seul dans le prétoire mais d'y convoquer également – symboliquement – sa famille. Changement considérable puisqu'il revient à mettre l'éducation au centre des débats, à en faire la cause essentielle de la délinquance, et, partant, le facteur qu'il faut absolument prendre en compte si l'on veut la comprendre.

Les conséquences de ce « recentrage » sont énormes car il amène une série de bouleversements en chaîne.

Modifier le statut de l'acte délinquant oblige en effet l'ordonnance de 1945 à modifier celui du délinquant lui-même.

Dans cette optique, celui-ci ne peut plus être considéré seulement comme un coupable mais également comme une victime. Pour l'ordonnance de 1945 le mineur délinquant est victime. Victime des carences éducatives qu'il a subies. Victime, donc, d'une famille qui n'a pas pu lui apporter les repères dont il aurait eu besoin. Sans que pour autant cette famille soit désignée à son tour comme coupable. Il est posé clairement en effet qu'elle doit, elle aussi, être aidée.

Partant de tels présupposés, la fonction dévolue à la justice chargée de juger les actes du mineur ne peut, on le comprend aisément, que changer du tout au tout.

Confrontée à des délits décrits comme des symptômes et à un coupable désigné comme victime, elle ne peut s'en tenir à sa tâche habituelle. Dans un tel contexte, elle ne peut plus se contenter de sanctionner les actes. Elle doit se donner les moyens de comprendre leurs ressorts pour être capable d'agir sur ce qui les a motivés et prévenir toute récidive. Elle ne peut plus être seulement « jugeante ». Elle doit devenir également « éducative » et « préventive ».

L'ordonnance de 1945 met donc en place une justice dont le visage est bien différent de celle des adultes et opère de ce fait un ultime bouleversement en modifiant le sens de la sanction elle-même. Prise dans une telle dynamique, celle-ci n'a plus pour seul but de faire payer au jeune délinquant sa faute. Mais s'inscrivant désormais dans un processus d'éducation et de prévention, elle entend également lui faire comprendre tout le prix de cette faute.

Le parcours d'un mineur délinquant[1]

Comment l'ordonnance de 1945 prévoit-elle que les choses se passent dans la réalité ? De façon assez claire puisqu'elle pose deux variables : l'importance de l'acte commis et l'âge de son auteur.

---

1. Philippe Chaillou, *op. cit.*

Les délits mineurs

Si l'acte incriminé est de nature telle que (bien qu'ayant évidemment une importance) il n'a pas un réel caractère de gravité (s'il s'agit par exemple du vol d'une Mobylette), la police, après une éventuelle garde à vue, établit un procès-verbal. Elle remet ensuite l'adolescent à ses parents et prévient le procureur de la République qui peut soit décider de classer l'affaire, soit saisir le juge des enfants.Dans ce dernier cas, celui-ci peut demander une enquête sociale ou un examen psychologique. S'il pense le mineur en danger, il peut également prendre d'emblée une « mesure d'assistance éducative » c'est-à-dire faire appel à un éducateur.

Dans la plupart des cas, néanmoins, de telles mesures ne sont pas nécessaires et l'affaire est renvoyée en Chambre du Conseil.

L'audience en Chambre du Conseil

Le juge, seul dans son cabinet et sans robe mais avec cependant une certaine solennité, reçoit l'enfant et sa famille. Durant cette audience, il peut « procéder à une admonestation » (c'est-à-dire à une remontrance) et soit remettre ensuite le jeune à sa famille soit accompagner cette remise d'une mesure de « liberté surveillée ». Il chargera alors un service spécialisé de suivre l'évolution du mineur et des siens.

Ces possibilités laissées au juge lors de l'audience en Chambre du Conseil ont souvent été présentées comme dérisoires car elles ont essentiellement une portée symbolique. Il faut savoir néanmoins qu'elles sont très importantes et permettent souvent, à elles seules, que les problèmes se règlent. Si le juge a suffisamment d'écoute et d'expérience pour cerner rapidement la problématique qui lui est présentée ; s'il est conscient de sa fonction, de sa tâche éducative et de la portée symbolique des paroles qu'il énonce, il a les moyens, dans bien des cas, de faire entendre au mineur ce que son histoire ne lui a pas permis de comprendre : la dimension sociale des interdits et leur fonction. De lui permettre de réaliser que ces interdits ne sont pas seulement l'effet de la lubie de tel ou tel ou de son bon plaisir (« J'comprends pas, m'sieur. Les profs au collège j'sais pas c'qu'ils ont. Ils arrêtent pas de me dire de parler au lieu de me battre. Moi, ça m'prend la tête ! ») mais des règles auxquelles chacun est soumis et dont aucune société ne peut se passer. L'expérience du travail thérapeutique avec les enfants et les adolescents atteste d'ailleurs tous les jours le rôle structurant de telles audiences et permet de l'expliquer. Celles-ci, en effet, quand elles se passent bien, sont pour ces jeunes l'occasion que la loi sociale (dont on leur avait déjà largement rebattu les oreilles mais qui n'était restée jusque-là pour eux que pure abstraction) prenne enfin un visage ; qu'elle devienne une instance incarnée.

Elles permettent qu'entre eux et ce personnage du juge – homme ou femme – qui, au nom de la société, s'adresse à eux en les nommant, un lien se tisse.

Lien que l'on peut assimiler à ce que, dans le champ de la psychanalyse, on nomme « transfert ». Le juge venant occuper la place du père, de la figure paternelle, qui a manqué et dont le jeune, bien qu'il semble en contester l'autorité, cherche toujours inconsciemment l'intervention.

Pour les acteurs du terrain – éducateurs et même thérapeutes – le juge, à l'issue de ces audiences, occupe souvent la place d'une sorte de « partenaire symbolique ». À partir de son intervention ils peuvent, prenant appui sur le transfert que le jeune a noué avec lui, se référer à sa parole. « Tu envisages, encore une fois, de repartir en galère avec ta bande. Penses-tu que le juge qui t'a reçu serait d'accord avec cette décision ? »

Les délits graves, la récidive, les crimes

Si les actes commis par le mineur sont plus graves ou si sa personnalité le requiert (s'il s'agit par exemple d'un récidiviste), la procédure prévue par l'ordonnance de 1945 est différente.

Dans ce cas la police, au lieu de remettre le mineur à sa famille, prévient le « substitut chargé des affaires des mineurs » qui peut demander qu'il soit conduit au tribunal avant la fin de sa garde à vue. Il est alors déféré et le substitut a la possibilité de saisir soit le juge des enfants soit, si l'affaire l'exige, le juge d'instruction chargé des mineurs.

Si le juge des enfants est saisi, celui-ci organise un débat avec le mineur, son défenseur et ses éducateurs au cas où il fait déjà l'objet d'un « suivi ». À l'issue de ce débat il peut soit décider sa mise en détention provisoire soit le laisser en liberté jusqu'à son audience par le tribunal pour enfants.

Le tribunal pour enfants est une instance qui est compétente pour tous les délits[1] commis avant dix-huit ans et pour les crimes commis avant seize ans. La justice rendue dans son enceinte est, dans sa forme, plus solennelle que celle des audiences en Chambre du Conseil précédemment évoquées. Elle semble de ce fait plus

---

1. Principe remis en cause par les mesures récentes (*cf.* chapitre suivant).

proche de celle des adultes. Le juge des enfants y siège en robe, assisté de deux assesseurs (qui ne sont pas des magistrats mais des personnes ayant une fonction en rapport avec l'enfance) et d'un greffier. Les peines que peut prononcer ce tribunal sont les suivantes : remise aux parents ou à des « tiers jugés dignes de confiance », liberté surveillée ou placement.

L'ordonnance de 1945 interdit[1] que des sanctions pénales puissent être prises avant treize ans. Un mineur de treize ans ne peut donc pas être passible d'une peine de prison.

Comme le souligne Philippe Chaillou, les enfants assassins de Liverpool n'auraient pas, en France, été incarcérés.

Après treize ans, des sanctions pénales sont possibles, mais elles doivent être motivées. La loi précise en effet qu'elles ne peuvent être prises par le tribunal que « lorsque les circonstances et la personnalité du délinquant lui paraissent l'exiger ». De plus, la durée de l'incarcération décidée ne peut dépasser la moitié de ce qu'elle serait pour un adulte ayant accompli des actes équivalents.

Si les actes commis par le mineur sont très graves (crime de sang, viol, vol avec violence ou attaque à main armée) ou s'il a plus de seize ans[2] il sera, une fois l'instruction terminée[3], jugé par la cour d'assises des mineurs. Celle-ci est composée, comme les cours d'as-

---

1. Principe remis en cause par la loi Perben.
2. Et moins de dix-huit ans car, à partir de cet âge, il relève de la justice des adultes.
2. Instruction qui, nous le rappelons, est toujours menée par un juge d'instruction spécialisé.

sises qui jugent les adultes, de magistrats et de jurés. Les peines qui y sont prononcées peuvent être équivalentes à celles encourues par les adultes mais elles doivent être, là aussi, motivées.

Quelques mots, enfin de la détention provisoire telle que la prévoit l'ordonnance de 1945[1].

Pour les délits :
• elle est interdite avant seize ans ;
• après seize ans : elle est de deux mois maximum si la peine encourue est égale ou inférieure à sept ans ;
• et de un an au maximum si la peine encourue est supérieure à sept ans (trafic de stupéfiants par exemple) ;

Pour les crimes :
• elle est interdite avant treize ans ;
• de treize ans à seize ans : elle est de un an maximum ;
• de seize à dix-huit ans : de deux ans au maximum.

L'ordonnance de 1945 met donc en place, on le voit, une justice qui prend en compte la construction de l'enfant et l'importance pour lui de l'éducation.

On ne s'étonnera donc pas qu'en notre XXIe siècle, oublieux de ces deux notions essentielles, tout soit fait pour la remettre en cause...

---

1. Principes remis en cause par les mesures actuelles (*cf.* chapitre suivant).

3

La remise en cause de la justice des mineurs : l'enfant floué

Malgré les progrès dont elle était porteuse, l'ordonnance de 1945 n'était pas sans poser problème, notamment à propos de deux questions épineuses : celle de la responsabilité des enfants et des adolescents et celle des sanctions dont ils pouvaient être passibles.

On a beaucoup dit pour critiquer ce texte et justifier les multiples tentatives faites pour le remettre en cause qu'il déresponsabilisait les mineurs et empêchait que l'on puisse les sanctionner. À entendre ses détracteurs – partisans en général du « tout répressif » – l'ordonnance de 1945, fondée disaient-ils sur une vision idéaliste voire angélique de la jeunesse et sur une conception par trop paternaliste de la justice, aurait mis en place un état d'impunité généralisé. Il est évidemment impossible de ratifier de telles affirmations mais on peut remarquer que ces flèches ne choisissent pas leur cible au hasard. Ces critiques font indubitablement écho à certaines contradictions internes du texte.

Les contradictions internes de l'ordonnance de 1945[1]

L'ordonnance de 1945, nous l'avons vu, s'organise autour de trois axes : une certaine vision de l'enfance, une conception de l'enfant en accord avec cette vision et, partant, une mise en perspective particulière de ses fautes.

L'enfance

Le texte s'inscrit dans le cadre d'un droit des mineurs qui s'appuie sur la conception moderne de l'enfance : celle d'un temps allongé, d'une durée.

L'enfant n'est plus, comme dans le code de 1810, un « adulte en miniature ». Il est un être en devenir et l'enfance est le temps durant lequel s'élabore ce devenir.

L'enfant

L'immaturité du mineur, son « inachèvement », conséquences de son « état d'enfance », sont pris en compte par le droit. Il les traduit sur le plan juridique par le statut qu'il lui donne : celui d'un « pas encore ». À la différence de l'adulte, l'enfant n'est « pas encore » un sujet juridique à part entière. Il ne bénéficie « pas encore » de tous les droits du sujet juridique.

Sur le plan civil, il est dit « irresponsable » (il ne peut être tenu pour responsable de ses actes. Seuls ses parents le sont) et « incapable » (il ne peut « ester[2] » en justice, ses parents doivent le faire pour lui).

---

1. Nous nous appuyons, pour l'étude de ces contradictions, sur le remarquable article de Dominique Young, « Repenser le droit pénal des mineurs », *Esprit*, octobre 2000, dont nous reprenons l'argumentaire.
2. Entreprendre une action en justice.

Ne lui accordant pas les mêmes droits que l'adulte, la législation, en toute logique, n'exige pas qu'il ait les mêmes devoirs que lui. Sur le plan pénal sa responsabilité est donc réduite. Ou plus exactement elle est graduée selon son âge. En fonction de repères cohérents puisque l'échelle retenue établit[1] – il est important de le noter – une concordance entre les droits accordés à l'enfant au civil et les « devoirs » que lui impose le pénal. Ainsi treize ans est l'âge où le consentement de l'enfant est nécessaire, au civil, pour son adoption, son changement de nom ou de prénom. Mais c'est aussi celui où il devient possible, au pénal, de l'incarcérer.

Seize ans est à la fois l'âge où il est en droit de demander la nationalité française et celui où il devient passible de la cour d'assises des mineurs (dont, nous l'avons dit, la justice rendue est proche de celle des adultes) et de la détention provisoire[2].

La faute

Quant à la faute, nous l'avons également dit, elle est conçue par l'ordonnance de 1945 comme un symptôme dont il convient de décrypter le sens. Il ne s'agit donc pas pour la justice de se contenter, comme pour les adultes, d'établir les faits (M. X a-t-il ou non tué Mme Y ?) mais de comprendre la personnalité de leur auteur. Qui est le mineur ? Pourquoi a-t-il agi ainsi ? Et quelles mesures prendre pour, tout en sanctionnant ses actes, lui faire entendre en quoi ils constituent un délit ou un crime ?

Ce positionnement particulier de la justice des

---

1. Ou plutôt « établissait » puisque la loi Perben a remis en cause l'âge de la responsabilité pénale.
2. Âge également remis en cause par la loi Perben.

mineurs s'est précisé encore en 1958 lorsque le juge des enfants s'est vu confier une tâche supplémentaire : la « protection des mineurs quand leur santé, leur sécurité ou leurs conditions d'éducation » sont « gravement compromises », puis en 1970 avec la loi sur « l'enfance en danger ».

Ce statut de « pas encore » que le droit donne à l'enfant n'a sur le plan éthique rien que l'on puisse lui reprocher car il n'a pas pour but sa sujétion[1]. Il ne vise aucunement à maintenir l'enfant dans un état de soumission (semblable à celui que le code Napoléon imposait aux femmes) à quelque puissance paternelle. Il n'est là que pour préserver sa vulnérabilité, lui donner droit à la protection et à l'éducation.

Il n'est cependant pas sans poser problème. À plusieurs titres. D'abord – et on ne le souligne sans doute pas assez – parce qu'il rejoint curieusement celui qu'a coutume de donner à l'enfant la société. Société qui, quoi qu'elle en dise, prend aujourd'hui encore prétexte de son immaturité pour lui dénier une place de « sujet à part entière ». Sorti de l'enceinte des colloques et des congrès (où les belles paroles ne coûtent pas cher) on entend en effet toujours à propos de l'enfant le même refrain. Il n'est « pas encore assez grand pour », « pas assez mûr pour », « pas assez sensé pour »... En bref il est un « pas encore », son désir n'a pas la même légitimité que celui d'un adulte et sa parole compte toujours peu ou prou « pour du beurre ». Le fait n'est pas sans conséquences car, sur le terrain, vision habituelle de l'enfant et statut juridique se conjuguent et concourent à ce que l'on puisse, en toute bonne conscience, lui donner une place au rabais, le priver de droits qui lui

_____

1. Dominique Young, *art. cit.*

118

seraient essentiels (celui par exemple de connaître la vérité sur son histoire ou l'identité de ses géniteurs, celui de vivre hors de sa famille lorsqu'il y est maltraité, etc.).

Mais le statut que l'ordonnance de 1945 donne au mineur a également une seconde conséquence que les détracteurs du texte ne se font pas faute de relever. L'ordonnance place en effet les magistrats, et avec eux toute la société, devant deux contradictions qui ressemblent à s'y méprendre à des pièges.

La première de ces contradictions consiste à poser l'enfant comme irresponsable tout en stipulant dans le même temps qu'il doit être jugé. L'ordonnance de 1945 en effet le fait relever d'une instance de jugement : le tribunal pour mineurs. Le texte aboutit donc à une impasse : comment juger quelqu'un s'il est déclaré par avance irresponsable ?

Mais il ne s'en tient pas là. Donnant le primat à l'éducation et reléguant de ce fait, même s'il ne les exclut pas, les sanctions au second plan, il met en outre la justice en position d'agir tout en la privant du moyen dont elle dispose habituellement pour le faire : la sanction.

La situation est d'autant plus problématique que les difficultés évoquées ne renvoient pas à quelques faiblesses particulières du texte (que l'on pourrait rêver d'amender) mais à la complexité même de la notion de minorité ; donc à des problèmes que l'on ne peut éviter dès lors que l'on entend la prendre en compte.

On pourrait en effet, toujours selon Dominique Young, envisager, pour sortir de ces contradictions, deux solutions :

• déclarer le mineur totalement irresponsable et renoncer à le juger. Mais cette position n'est, de toute évidence, pas tenable ;

• ou le déclarer sujet de droit à part entière, totalement responsable et le juger comme tel. Mais on voit bien que cette remise en cause d'un statut du mineur si chèrement acquis constituerait une régression. Un retour des plus préjudiciables au temps où la justice ne faisait pas de différence entre les adultes et les enfants.

Comment sortir de l'impasse ? En dépit des efforts déployés, il semble que l'on n'ait jamais pu répondre de façon satisfaisante à cette question. Échec des plus dommageables car les détracteurs de l'ordonnance de 1945 ont dès lors beau jeu de rejeter le texte au nom du fait qu'il opposerait le bien de l'enfant à celui de la société, voire privilégierait le premier au détriment du second ; et en viendrait de ce fait à dénaturer la fonction même de la justice dont le rôle, soulignent-ils, n'est pas de s'occuper du bien des justiciables mais de ce qui est juste pour la société. L'argument est d'autant plus redoutable que la *vox populi* est toujours prête à s'en faire à sa façon (et à loisir) l'écho : « C'est bien gentil de vouloir comprendre ces jeunes, mais en attendant ils cassent tout ! Qu'attend la justice pour sévir ? » Discours primaire et si facilement récupérable qu'il prête à toutes les dérives.

La jurisprudence

La théorie ne permettant pas de sortir de l'impasse, la pratique s'est mise en position de le faire de façon chaotique et passablement dangereuse. Confrontés à la montée de la délinquance, les tribunaux ont, bien avant la loi Perben, tranché.

Ils ont rendu des décisions qui tendaient de plus en plus à donner à la justice des mineurs un nouveau visage. À faire d'elle une justice de moins en moins spécifique.

L'habitude s'est prise de réserver les mesures éducatives aux fautes les moins graves et de prendre, pour les fautes graves, de plus en plus de sanctions pénales.

On en est donc arrivé à une situation où les mineurs incarcérés ont été chaque année plus nombreux. Nombre de magistrats l'ont souligné.

« En 1998, écrivent Denis Salas[1] et Thierry Baranger[2], la justice des mineurs a prononcé 13 169 peines d'emprisonnement pour délits contre 6 475 en 1993, et, en 2001, 7 500 condamnations à la prison ferme ont été prononcées. » Et ils concluent : « Tout le monde dit que ces jeunes vivent dans une totale impunité alors que jamais la répression n'a été aussi forte contre eux, jamais le contentieux de mineurs délinquants n'a autant progressé[3]. »

La remise en cause de l'ordonnance de 1945

Néanmoins, la délinquance qui déjà galopait ayant tendance à s'emballer, on en est venu à ne plus se contenter d'interpréter les textes et à prôner leur modification. Cette démarche a abouti à la loi Perben du 9 septembre 2002 qui, par diverses mesures, remet en cause la justice des mineurs telle que la concevait et l'organisait l'ordonnance de 1945[4].

Pour les petites et moyennes infractions (c'est-à-dire la part la plus importante de la délinquance) les mineurs ne relèveront plus des « juges pour enfants » mais des « juges de proximité » qui ne sont pas des magistrats spécialisés. Les sanctions pénales qui n'étaient jusque-là possibles qu'à partir de treize ans le seront dès dix ans

---

1. Denis Salas est ancien juge des enfants et maître de conférences à l'École nationale de la magistrature de Bordeaux.
2. Thierry Baranger est premier juge des enfants à Bobigny et président de l'Association des magistrats de la jeunesse et de la famille.
3. « La Cité dont l'enfant est délinquant », *Libération*, 22 juillet 2002.
4. Revue *Justice*, 24 juillet 2002.

par le biais de ce que la loi nomme « sanctions éducatives » (interdiction de paraître dans un lieu, confisca-
tion d'objets, etc.). Le non-respect de la décision pourra
être sanctionné par un placement. La loi crée en outre de
nouveaux délits comme celui d'outrage à enseignant.
Les conditions de retenue des mineurs de dix à treize
ans dans les locaux de la police sont élargies. Celle-ci ne
pouvait excéder dix heures pour des délits passibles
d'au moins sept ans de prison. Elle pourra être de douze
heures pour des délits passibles d'au moins cinq ans.

La détention provisoire des moins de seize ans n'était
possible autrefois que s'ils avaient commis un crime. Elle
le sera désormais pour les jeunes gens âgés de treize à
seize ans auteurs de délits s'ils violent leur contrôle judiciaire ou s'ils fuguent d'un centre éducatif fermé.

Enfin, les « centres éducatifs fermés » remplaceront
les placements éducatifs. Les mineurs y seront envoyés
dans le cadre d'un contrôle judiciaire ou d'une « mise à
l'épreuve » et soumis à un « suivi éducatif et pédagogique renforcé ».

Cette remise en cause de l'ordonnance de 1945 a ren-
contré chez les magistrats, les avocats et les professionnels de l'enfance une très vive opposition, et on le
conçoit aisément car elle constitue une série de retours
en arrière.

La loi Perben,
un retour en arrière de la justice des mineurs

Au point de vue de sa spécificité

Pour la première fois depuis 1945, les mineurs ne
seront plus jugés par des magistrats spécialisés. Pour

nombre de leurs actes ils relèveront du même juge que les adultes : le juge de proximité. C'est un recul de plus d'un siècle et ses conséquences ne peuvent être que graves. Le juge de proximité sera appelé en effet à intervenir sur les petites et moyennes infractions ; c'est-à-dire les plus nombreuses et celles qui marquent pour nombre de jeunes « l'entrée » dans la délinquance et le début de la dérive. À cette dérive le juge des enfants pouvait très souvent mettre un terme. D'une part, parce qu'il avait (nous en avons parlé) une formation et une expérience qui lui permettaient de « décoder » les actes du mineur et de lui délivrer (par le biais des mesures qu'il prenait et des paroles qui les accompagnaient) un message « signifiant », c'est-à-dire susceptible de lui « dire », de lui enseigner quelque chose. D'autre part, parce que, étant en lien avec le réseau éducatif et associatif, celui-ci pouvait lui apporter des informations sur son jeune interlocuteur et, sur le terrain, prendre par la suite le relais.

Le juge de proximité, bien qu'il soit habilité à prendre quant à ces petites et moyennes infractions des mesures semblables à celles que prenait auparavant le juge des enfants, ne pourra pas jouer par rapport à elles le même rôle.

Du fait de son manque d'expérience et de formation spécifiques, ces mesures ne pourront pas avoir la portée symbolique qu'elles avaient autrefois. Elles risquent tout au contraire de n'être pour ces jeunes en rupture de ban qu'une « engueulade » de plus. Un « Je te préviens, si tu continues... » aussi inefficace que ceux dont les ont déjà menacés maintes fois leurs parents ou leurs enseignants. Une sanction de plus, aussi vaine que les précédentes, dépourvue à leurs yeux de tout sens et privée de toute dimension pédagogique.

Au point de vue de l'« éducatif »

La loi Perben constitue d'ailleurs un recul essentiel quant à la place donnée à l'éducatif. Car elle traite les enfants comme des adultes à un âge où (chaque parent le sait) même s'ils jouent les terreurs et les gros durs, ils ne sont encore à maints égards que des bébés mal grandis. Pour qui sait ce qu'est un enfant de dix ans, penser qu'il puisse relever de sanctions pénales (même si ces sanctions sont, comme dans la loi Perben, qualifiées pour les besoins de la cause d'« éducatives ») est parfaitement absurde. À cet âge en effet et même sous la plus dure des carapaces, l'enfance affleure encore toujours, avec son cortège de souffrances et de désespoirs. Et surtout le poids toujours présent d'une demande de lien, d'aide, de paroles et de sécurité sur laquelle tout professionnel peut s'appuyer pour travailler ; même si le plus souvent elle ne trouve à s'exprimer que par des injures et des provocations.

Il m'est souvent arrivé (comme à beaucoup d'autres) d'entendre, à l'hôpital où je travaillais, un enfant de cet âge (qui cassait tout dans sa cité) hurler dans mon bureau dès la première question : « T'es vraiment qu'une grosse conne, toi, avec ta psychologie ! » Pour s'écrouler cinq minutes plus tard en larmes (et furieux de ses larmes). Simplement parce que je lui avais dit : « Peut-être que tu as peur que ma "psychologie", comme tu dis, ce soit comme d'habitude. Que ça ne soit que des mots. Que ça ne te serve à rien et, qu'après, je fasse comme les autres, que je te laisse tomber. » Me permettant ainsi de m'engouffrer dans la brèche ouverte par ses pleurs et d'ajouter : « Tu n'as pas besoin d'avoir peur. Je ne te laisserai pas tomber. Si tu veux, nous pouvons essayer de voir ensemble comment tu pourrais t'en sortir. »

Traiter en adulte un enfant de dix ans, c'est valider sa « frime », le masque derrière lequel il cache sa faiblesse, son « faux self » comme eût dit le psychanalyste Donald Winnicott. C'est le conforter dans la certitude que la société dans son ensemble n'est en rien différente du monde dans lequel il a, jusque-là, vécu. Qu'elle fonctionne elle aussi comme une jungle dans laquelle les plus forts profitent de leur force pour asseoir leur pouvoir sur les plus faibles. C'est lui faire – à lui à qui la vie n'a sans doute déjà que trop fait violence – une violence de plus. Et l'acculer, de ce fait, à n'avoir lui aussi, une fois de plus, d'autre issue que la violence.

Pour qu'une sanction soit « éducative » il ne suffit pas de décréter qu'elle l'est. Il faut que celui qui l'inflige soit à même d'entendre sa portée. C'est-à-dire connaisse suffisamment l'enfant qu'il sanctionne pour être capable d'apprécier la place qu'elle va venir occuper pour lui, le vide (de paroles structurantes, de limites) qu'elle va peut-être lui permettre de combler.

Sans cette écoute et cette intelligence de l'acte, une sanction quelle qu'elle soit, et même si on la dit « éducative », n'a pas plus de sens pour un enfant que les coups dont les enseignants autrefois martelaient les doigts de leurs élèves. Persuadés que, le respect du règlement se trouvant au bout de leur règle comme la victoire au bout du fusil, il allait de cette façon s'imposer, de façon définitive, dans la tête de leurs ouailles.

Elle n'a pas plus de sens que la correction donnée au chien que l'on prétend ainsi dresser.

Au point de vue psychologique

La loi Perben marque également un recul quant à la place donnée au psychologique, à la volonté de connaître le mineur délinquant et de comprendre les mobiles de ses actes.

Si officiellement elle ne remet pas en cause la fonction dévolue aux investigations psychologiques par l'ordonnance de 1945 et ne conteste pas leur importance, elle les cantonne, dans les faits, à n'avoir plus qu'un rôle formel. Le fait est particulièrement sensible au niveau des procédures et des institutions.

La « procédure rapide » par exemple, instaurée pour juger les récidivistes, pourrait sembler a priori positive. On pourrait en effet penser que, donnant les moyens de sanctionner dans un délai très court (dix jours à un mois) les actes répréhensibles, elle est à même de favoriser chez leurs auteurs une prise de conscience ; de leur permettre de comprendre, une fois pour toutes, que si commettre un délit est grave, recommencer l'est plus encore.

Il est peu probable néanmoins qu'elle ait cet effet.

Sanctionner un récidiviste de façon telle que la nouvelle sanction constitue pour lui un véritable point d'arrêt supposerait en effet que l'on se donne les moyens de comprendre les raisons de sa « rechute » : pourquoi a-t-il recommencé ? Comment agir pour que cela cesse ?

La loi se doit évidemment de fixer des délais pour cette recherche car, arrivant trop longtemps après l'acte, la sanction indéfiniment différée n'aurait plus pour le mineur aucun sens.

Il est certain néanmoins que « dix jours à un mois » n'y peuvent suffire.

On ne peut donc que s'interroger sur de tels délais. Craindre qu'ils n'expriment la conviction profonde que toute investigation serait vaine, la cause étant d'ores et déjà entendue... Redouter qu'ils ne soient le symptôme d'une théorie (non dite mais particulièrement redoutable) aux termes de laquelle on considérerait que qui vole un œuf le fait quel que soit son âge parce qu'il est un voleur et que c'est sa nature de l'être ; qu'il n'y a donc, dès lors, rien à chercher ni à comprendre mais seulement à sévir pour l'empêcher de continuer à nuire. Fantôme de la Petite Roquette, ne te serais-tu pas subrepticement glissé dans les rêves de nos législateurs ?

Enfin, les centres éducatifs fermés que met en place la loi Perben ne peuvent pas permettre la prise en charge psychologique des mineurs que rendaient possible, même s'ils étaient loin d'être parfaits, les anciens foyers d'accueil. La volonté répressive qui préside à leur mise en place empêche que les éducateurs puissent trouver au sein de ces structures le temps, l'optique de travail et le soutien dont ils ont besoin pour aider des jeunes en difficulté à acquérir les repères que leur famille ne leur a pas donnés.

« On laisse les murs faire le travail des hommes, souligent des magistrats[1]. Ce sont les verrous et les barreaux qui, à eux seuls, vont incarner l'autorité. C'est en ce sens que nous ne croyons pas à une quelconque vocation éducative de l'enfermement. »

Le retour au « discernement »

La loi Perben réintroduit également le critère du « discernement » avec lequel la justice des mineurs avait, nous l'avons vu, progressivement rompu et qui n'apparaissait plus dans les textes depuis 1912. En effet, l'enfance étant désormais prise en compte au titre d'un temps de construction, d'un état mouvant et d'une grande complexité poser la question en termes de discernement – le mineur savait-il, oui ou non, ce qu'il faisait ? – pouvait apparaître comme une démarche par trop simpliste.

---

1. Manuel Palacio et Jean-Paul Orient, « Éduquer, le contraire d'enfermer », *Libération*, 12 juillet 2002.

La notion cependant n'avait pas totalement disparu car, sur le terrain, le silence de la loi avait posé problème. L'ordonnance de 1945 en effet ne fixait pas d'âge pour la majorité (et donc la minorité) pénale.

Elle ne disait pas à partir de quel âge un enfant était « assez grand » pour pouvoir être reconnu coupable d'une infraction. Ni (par voie de conséquence) en dessous de quel âge il était « trop petit » pour pouvoir être incriminé.

La jurisprudence, pour pallier cette lacune, avait donc, dès 1956, réintroduit le discernement, par le biais d'un arrêt de la Cour de cassation, que les juristes connaissent bien : l'arrêt Ladoube[1].

Cet arrêt, qui concernait un enfant de six ans auteur de blessures involontaires, stipulait qu'il fallait, pour condamner un mineur, que celui-ci ait « voulu et compris » l'acte dont il était l'auteur. La Cour justifiait sa décision en posant que « toute infraction même non intentionnelle supposait que son auteur ait agi avec intelligence et volonté ».

L'argument était frappé au coin du bon sens et les commentateurs n'ont pas manqué de le souligner. « Sans cette exigence raisonnable, on pourrait imaginer qu'un enfant de quelques mois qui aurait éborgné sa nourrice pendant une tétée fût traduit devant le tribunal pour enfants et fît l'objet des mesures prévues à l'article 15 de l'ordonnance de 1945[2]. »

Maintenue par la jurisprudence, la notion de discernement a été réintroduite dans les textes par la loi Perben, par le biais d'une modification de l'article 122-8 du code pénal qui stipule désormais, dans son article 2 : « Les mineurs capables de discernement sont pénale-

---

1. Arrêt Ladoube du 13 décembre 1956 de la chambre criminelle de la Cour de cassation.
2. Jean Predel, *Droit pénal général*, 1992.

ment responsables des crimes, délits et contraventions dont ils ont été reconnus coupables. »

Retrouvant, à l'alinéa 2, la vieille notion d'atténuation de la responsabilité en fonction de l'âge : « Cette loi détermine également les sanctions éducatives qui peuvent être prononcées à l'encontre des mineurs de dix à dix-huit ans ainsi que les peines auxquelles peuvent être condamnés les mineurs de treize à dix-huit ans *en tenant compte de l'atténuation de responsabilité dont ils bénéficient en raison de leur âge*[1] ».

Le but avoué de cette réintroduction dans la loi du « discernement » est de battre en brèche l'idée selon laquelle les mineurs de treize ans ne pouvant, aux termes de l'ordonnance de 1945, être condamnés à une peine, seraient considérés par elle comme « irresponsables ».

Néanmoins, si on la met en parallèle avec l'ensemble des mesures prises par la loi Perben, il apparaît clairement qu'elle participe d'un retour en arrière.

D'une régression vers les temps où la justice ne prenait pas en compte la spécificité de l'enfance, ne faisait pas de différence entre les adultes et les enfants.

Poser, comme le fait aujourd'hui le code pénal, la question de la culpabilité des mineurs en termes de discernement en se contentant de minorer leur responsabilité parce qu'ils ne sont pas encore des adultes revient en effet à raisonner (comme on le faisait autrefois) en termes quantitatifs et non qualitatifs.

Un tel raisonnement ne prend en compte que la plus ou moins grande « quantité de discernement » que le mineur, eu égard à son âge, est supposé posséder. On se contente d'affirmer que, l'enfant étant plus petit, son discernement est forcément moins grand. Et l'on fait l'impasse sur la question de la nature de ce discer-

---

1. Souligné par nous.

nement, c'est-à-dire sur ce qui le différencie de celui d'un adulte. On laisse donc entendre, par cette omission même, que cette différence n'existe pas. Et l'on se retrouve, par là même, renvoyé quoi que l'on en veuille à l'idée plus qu'éculée d'un « adulte en miniature » : l'enfant n'est pas fondamentalement différent de l'adulte, il est seulement plus petit. À petite taille, petit cerveau et... petit discernement.

C'est une erreur grave.

Les connaissances acquises sur les enfants et les adolescents par la psychiatrie et la psychanalyse donnent en effet aujourd'hui la possibilité de mettre en lumière la complexité de leur psychisme et celle de leurs raisonnements. Elles permettent d'affirmer que dire quelque chose comme « Mais il n'est pas idiot tout de même ! Il savait bien qu'il le volait, ce vélo ! » est réducteur. Pour plusieurs raisons.

D'abord parce que la « compréhension » d'un enfant ou d'un adolescent est toujours relative, surtout lorsqu'elle porte sur les interdits. Un enfant ou un adolescent peut en effet savoir (et d'ailleurs en général il le sait) que, le vélo qu'il « emprunte » ne lui appartenant pas, il commet en le prenant un acte répréhensible. Mais ce savoir peut très bien n'être pour lui que ponctuel et ne s'accompagner d'aucune « production de sens ». Si son histoire personnelle ne lui a pas permis de comprendre les lois sociales et leur rôle ou si, pis encore, il est élevé par des adultes qu'il voit en permanence commettre impunément des transgressions graves, l'idée de « vol » peut lui sembler en effet anodine, et l'acte être pour lui à mille lieues du manquement grave à la règle qu'il représente pour nous. Certains mineurs déplorant, en pareil cas, une sanction qu'ils considèrent comme excessive et/ou injuste le disent d'ailleurs clairement : « Ouais, c'est vrai, j'ai

130

volé, mais bon... » Réflexion qui n'est souvent référée qu'à leur désir d'être puni moins sévèrement alors qu'elle manifeste de toute évidence une incompréhension radicale quant à l'importance du délit commis.

De plus, l'intériorisation des interdits n'est jamais pour un enfant ou un adolescent un processus abouti mais toujours un processus « en marche » dont il faut de plus souligner que la progression n'est jamais linéaire, les moments d'avancées alternant régulièrement avec des reculs.

Situation que parents et éducateurs ne connaissent que trop : « C'est terrible. On pensait que cette fois il avait compris et, patatras ! il recommence. »

Enfin, la capacité des enfants et des adolescents d'intérioriser les interdits est toujours dépendante du lien qu'ils ont tissé avec les adultes qui leur ont permis de les comprendre. Un adolescent peut donc « savoir » pendant tout un temps ce qui est autorisé ou pas et ne plus le « savoir » de la même façon le mois suivant. Parce que la personne qui l'aidait à soutenir ce savoir (qu'il ne pouvait encore soutenir seul) n'est plus là. On observe souvent ce type de phénomène dans des foyers d'accueil où l'adolescent très accroché à un éducateur se met à déraper si celui-ci quitte l'établissement. Montrant ainsi qu'il avait encore besoin de son aide pour voir le monde à travers d'autres lunettes que celles que son histoire lui avait mises sur le nez.

L'adulte est un homme fait. Ses repères et ses convictions également. L'enfant et l'adolescent sont, eux, des êtres mouvants en perpétuelle mutation. Parler les concernant de « discernement » revient à figer artificiellement leurs actes en un instant « t ». Alors même que celui-ci ne peut être significatif puisqu'il n'indique qu'un état momentané, provisoire et aléatoire de leur compréhension.

L'inépuisable nostalgie de la répression

Si la loi Perben, marquant un net recul de la volonté d'éduquer, accroît notablement la tendance à punir et à enfermer, elle ne lui donne pas naissance.

Les « centres éducatifs fermés » qu'elle met en place ont eu des grands frères : les CER et les CPI créés par le gouvernement précédent.

Les CER (centres d'éducation renforcée) offraient la possibilité de séjours de rupture de six mois pour des adolescents délinquants. Les CPI (centres de placement immédiat) permettaient, eux, « un accueil d'urgence pour un bilan d'orientation strict visant à prévenir les fugues ».

Les deux types d'institutions étaient nés de la volonté du Premier ministre de l'époque, Lionel Jospin, de mettre fin à un débat qui avait opposé en 1998 et 1999 l'ancien ministre de l'Intérieur, Jean-Pierre Chevène-ment, à Élisabeth Guigou, alors garde des Sceaux.

Le premier, désireux de voir créer des « centres de retenue » (succédanés des anciennes maisons de correc-tion) où seraient placés les jeunes délinquants (qu'il qualifiait de « sauvageons »), s'opposait à la seconde qui défendait le principe d'une justice des mineurs fon-dée sur l'« éducatif ».

L'arbitrage de Lionel Jospin, lors des conseils de sécurité intérieure du 8 juin 1998 et du 27 janvier 1999, avait donné naissance à un programme de lutte contre la délinquance. Celui-ci maintenait le primat de l'éducatif mais créait néanmoins ces deux types d'institutions dont le caractère « mi-chèvre mi-chou ») (on réaffirmait l'éducatif mais on enfermait) avait été dénoncé par les professionnels de l'éducation.

Le SNPES-PJJ par exemple, syndicat majoritaire chez les éducateurs, décelait sous les orientations du gouvernement « une dénaturation des pratiques éducatives » et une « conception sécuritaire ». « Les jeunes qui sont placés en CPI, déclarait la secrétaire nationale de l'organisation, Françoise Laroche, sont stigmatisés comme de jeunes délinquants "durs" et eux-mêmes vivent ce placement comme une peine [...] Dans ces conditions, il est très difficile de mener une action éducative[1]. »

Les difficultés posées par ce type d'établissements concernaient les jeunes qui, mis en position de « condamnés », risquaient de se sentir rejetés, de préférer dès lors la révolte à la parole et de devenir de ce fait inaccessibles à tout travail éducatif. Mais elles n'épargnaient pas non plus les éducateurs. On sait en effet à quel point dans ce type d'institutions il est difficile que les adultes qui encadrent les jeunes réussissent à garder un « cap éducatif ».

Conserver le sens des limites face à des adolescents qui n'en respectent aucune et passent le plus clair de leur temps à éprouver leur solidité par d'incessantes transgressions, tenir fermement la rambarde des mots quand tout autour de soi appelle à la violence physique est plus que problématique... Les risques de dérapage sont multiples. Ils surgissent à chaque détour de la vie quotidienne car les jeunes en difficulté ne connaissent qu'un seul terrain – le leur – et tentent toujours d'y entraîner ceux qui essaient d'entrer en contact avec eux. Il faut en général très peu de temps pour qu'ils proposent à leur interlocuteur soit la violence physique soit un type ou un autre d'arrangement à l'amiable, de copinage, de complicité avec eux qui exclurait tout respect des places et des lois.

---

1. Interview de Françoise Laroche, *in* « La protection judiciaire de la jeunesse défend ses missions éducatives », *Le Monde*, 22 novembre 2000.

Chaque éducateur le sait bien, aider ces jeunes à se restructurer suppose d'être capable de « décoder » à chaque instant ce type de proposition et de lui apporter chaque fois une réponse éducative. « Je ne me battrai pas avec toi parce qu'il n'y a pas que les coups dans la vie pour régler les problèmes » ; « Je te respecte et je suis prêt à parler avec toi mais si tu rentres en retard, le directeur du foyer sera prévenu. C'est mon travail de le faire » ; « Les adultes qui travaillent ici ne sont pas tes "potes". Ils sont payés pour être responsables de toi. »

Maintenir ainsi le cap n'exige pas seulement une formation initiale. Cela requiert un recentrage permanent toujours difficile car, pour ne pas tomber dans les pièges que leur tendent inconsciemment les jeunes dont ils s'occupent, les éducateurs doivent en permanence réinterroger leurs réactions et leurs affects : « Je lui ai répondu cela mais n'aurait-il pas mieux valu lui dire que... »

Éduquer est un travail exigeant qui ne peut se faire avec pour seul repère son impulsion du moment. Les professionnels ont donc besoin pour l'accomplir du soutien d'une réflexion menée en équipe. Et cette réflexion n'est possible que si l'éducatif est posé aux fondements mêmes de l'institution ; que s'il est clair pour chacun que le but de cette institution est l'éducation des jeunes qu'elle reçoit.

Si un établissement en effet n'a pas d'autre projet que l'enfermement, un tel questionnement ne peut pas trouver place (et sens) en ses murs.

Si la complexité de l'histoire personnelle des jeunes et celle de leur psychisme ne sont pas prises en compte, s'il ne s'agit que de leur inculquer quelques conduites destinées à leur donner momentanément une apparence de normalité, pourquoi les adultes qui les ont en charge s'astreindraient-ils à une réflexion ? Pourquoi iraient-ils chercher autre chose que les deux instruments qui, en matière de dressage, ont de tout temps fait leurs preuves : la carotte et le bâton, la force et la séduction ?

Un quotidien national[1] a d'ailleurs donné, au moment de la mise en place des CER et des CPI, un bel exemple des impasses auxquelles peut mener l'abandon de l'éducatif. Un article, décrivant la vie dans un CPI, mentionnait les déclarations d'un éducateur. Déclarations d'autant plus frappantes que celui-ci pouvait apparaître comme une référence puisqu'il avait, nous disait-on, vingt ans d'expérience.

L'auteur de l'article rapportait l'expression dont usait ce professionnel pour nommer les jeunes dont il s'occupait : « X, écrivait-il, vingt ans d'expérience, les appelle affectueusement les "trous du cul". »

« Les trous du cul »... L'expression, tout autant sans doute que l'affection qui, au dire du journaliste, l'accompagnait mérite que l'on s'y arrête.

Est-il vraiment besoin en effet d'être un psychanalyste chevronné pour s'interroger sur l'effet que peut avoir sur le psychisme d'adolescents – qui plus est (en l'occurrence) mâles – une dénomination qui les réduit à n'être que des orifices anaux ? Orifices qui, renvoyant soit à la fonction excrémentielle soit à la pénétration sexuelle, se prêtent – surtout à cet âge – à tous les fantasmes...

Un tel questionnement semblait pourtant à mille lieues de l'éducateur interrogé qui poursuivait allègrement dans la métaphore anale : « Ce sont des petits qui font chier, mais ce ne sont pas de vrais durs. » Et concluait sur ce dont avaient besoin, pensait-il, ces déshérités d'un nouveau genre : « Ils ont été très déçus par les adultes. Ils ont besoin de chaleur et de sincérité. » Dont acte...

On aurait tort de penser que les propos de cet éduca-

---

1. *Le Monde*, 22 novembre 2000.

teur ne relèvent que d'une problématique personnelle car ils sont de toute évidence un symptôme. Ils reflètent, nous semble-t-il, la façon dont les intervenants peuvent, quelles que soient leurs qualités, se retrouver piégés par la pensée qui préside à la mise en place de tels établissements. Pensée qui, ne prenant plus en compte le psychisme de l'enfant et sa construction, se prête à toutes les dérives ; met en danger aussi bien les enfants et les adolescents que les personnels (que de telles errances laissent rarement indemnes). Et se déploie, de plus, sur fond d'un échec programmé car le diagnostic posé là (« besoin de chaleur et de sincérité ») n'est guère, on en conviendra, plus subtil que les conseils délivrés par les fiches techniques des plantes vertes : « Placer devant une fenêtre ensoleillée et arroser deux fois par semaine. »

Quant au traitement préconisé – la rencontre avec des adultes chaleureux et sincères – on voit mal qu'il puisse, à lui seul, effacer l'empreinte laissée chez un adolescent par des années de « non-éducation ». Comment la presse la plus sérieuse peut-elle se faire, sans les questionner plus avant, l'écho de tels errements ? La réponse est sans doute à chercher, encore une fois, du côté de l'aveuglement de notre société quant à l'éducation et de son corollaire : sa fascination pour l'amour.

Les conséquences de la loi Perben

La loi Perben dont nous venons de donner les grandes lignes risque donc fort de coûter cher aux enfants. D'abord au point de vue juridique car il est à craindre que, jugés de plus en plus comme des adultes, ils ne bénéficient pas pour autant des mêmes garanties qu'eux. Mais aussi au point de vue psychologique.

Les conséquences psychologiques

L'ordonnance de 1945, en effet, ne se préoccupait pas seulement, nous l'avons dit, des actes des mineurs. Elle prenait en compte leur personne dans son ensemble. Et ne les assimilait pas, de ce fait, aux délits qu'ils avaient commis. Ils pouvaient avoir volé sans être pour autant considérés seulement comme des « voleurs ». Ils n'étaient donc pas cloués par la société à cette seule place, désignés comme tels à la vindicte publique. Avec la loi Perben et les nouvelles mesures qu'elle met en place ils risquent fort de l'être. Et de n'avoir de ce fait d'autre issue que de s'identifier à cette image d'eux-mêmes que le social, tel un miroir, leur renverra. Et ils seront sans doute d'autant plus prompts à le faire qu'être un voleur est toujours mieux que de n'être rien... Bien des petits délinquants le savent, qui ont appris en prison à gravir les échelons de la hiérarchie du crime. Non pas seulement, comme on le croit souvent, parce qu'ils ont trouvé dans leurs geôles des influences et des modèles. Mais parce que la « notabilité de la délinquance » leur a offert, à eux à qui la société n'avait jamais donné de place, la possibilité d'en trouver une.

De nombreux magistrats le soulignent. Ajoutant même que, au bout du processus et stigmatisés par des lois dont le sens leur échappe, les adolescents pourront aller jusqu'à s'adresser à la seule loi qu'ils comprennent encore : celle de la vie et de la mort ; mettant par là même leur vie et celle des autres en danger.

« Notre expérience de la violence des jeunes nous a appris une chose : face à des politiques qui ont pour seul projet l'enfermement et la répression, les petits adultes iront jusqu'au bout de leur révolte. Orphelin d'une loi comprise par lui, l'adolescent interroge la loi biologique, celle qui délimite la vie et la mort. Au bout de lui-même, il peut engager une lutte à mort et se tient prêt à risquer sa vie ou celle des autres. Face à une société qui ne lui donne pas d'autre identité que délinquante, qu'aurait-il à perdre[1] ? »

Les conséquences sur l'image sociale de l'enfant délinquant

Mais les mesures prises par la loi Perben n'ont pas seulement des conséquences sur les individus. Elles touchent aussi la société dans son ensemble car elles induisent une vision, négative jusqu'à la caricature, de l'enfant délinquant.

À partir de ce texte, il n'est plus conçu comme un être dont la « croissance psychologique » n'est pas terminée et qui trébuche parce qu'il a manqué de limites claires et de points d'appui fiables.

Il est désormais perçu comme une sorte de similiadulte qui fait sciemment, consciemment et en toute connaissance de cause ce qu'il fait, dans le seul but de prendre le plus de plaisir possible. Non pas parce que – comme peut l'expliquer un psychanalyste – on ne lui a pas donné les moyens de sortir du « principe de plaisir » (qui régit la vie de tout être au début de son existence), mais parce qu'il serait « possédé » par un besoin de plaisir (de vice ?) plus important que la moyenne de la population et se trouverait de ce fait prêt à tout pour l'assouvir. « Là plus qu'ailleurs, continuent Denis Salas et Thierry Baranger, se lit le déclin du modèle issu de 1945 : notre tolérance à la déviance se fondait sur l'acceptation d'un

---

1. Denis Salas et Thierry Baranger, *art. cit.*

apprentissage des règles auxquelles il faut se confronter pour les intégrer. Aujourd'hui, nous dit-on, les jeunes qui font le choix d'une carrière délinquante doivent en assumer les risques. Ils sont perçus comme autonomes, calculateurs et conséquents dans leurs actes. Hédonistes, ils chercheraient avant tout à maximiser les profits. »

Ce portrait ressemble à s'y méprendre, reconnaissons-le, à celui d'un monstre. Et il nous renvoie, là encore, aux temps, que l'on aurait voulu croire révolus, de la Petite Roquette. « Mais qu'en déduire ? Qu'ils sont prédéterminés à la délinquance et qu'il n'y a plus rien à faire pour cette génération perdue ? Le spectre du délinquant "né", forme précoce d'un *born killer*[1], avatar de l'homme dégénéré, réapparaît[2]. »

Une image lourde à porter

Donner une telle image de l'enfant délinquant est grave. Elle risque en effet à terme d'accréditer dans la société le fantasme qu'une nouvelle « race » de jeunes serait née (comment ?) qui, assimilés à des parias, menacerait son ordre.

Une telle idée ouvre la porte à toutes les dérives, à toutes les violences et à tous les extrémismes. Mais elle expose aussi les jeunes ainsi stigmatisés à devenir la proie de qui voudra les utiliser, et de qui sera prêt, pour y parvenir, à leur fournir n'importe quel ersatz de théorie susceptible de leur redonner, à leurs propres yeux, un peu de valeur.

Si, alors que le monde depuis toujours vous rejette, un religieux-mercenaire vous persuade que Dieu, lui, vous a reconnu et se tient prêt à vous prendre sous son aile,

---

1. Tueur-né.
2. Denis Salas et Thierry Barangh, *art. cit.*

comment résister ? Comment refuser cette illusion d'une dignité enfin retrouvée ? Comment ne pas se précipiter dans ce leurre ? Même si le prix exigé par ce semblant de Dieu est celui de vies humaines. Même s'il faut lui payer, de sa propre vie, cette place...

Chronique d'une tragédie annoncée. Et annoncée sur fond de méconnaissance car, disons-le une fois encore, cette vision du mineur délinquant et de la délinquance des mineurs est fausse. Là encore, Denis Salas et Thierry Baranger le rappellent, évoquant comme nous l'avons déjà fait, la fragilité qui se cache derrière la toute-puissance affichée de nombre de ces mineurs : « Cette perception de la délinquance des mineurs comme la branche d'une criminalité professionnelle oublie un fait essentiel : celle-ci est faiblement structurée, faite d'occasions et d'impulsions ; loin des bandes de jadis, elle se déplace et se recompose au gré des hasards. À ces stéréotypes, il faut opposer un regard moins éloigné, plus individualisé. Tous ceux qui travaillent dans l'éducatif savent que celui qui « roule les mécaniques » peut aussitôt après fondre en larmes. Hors du groupe de pairs ou de la domination territoriale, les provocateurs se dégonflent. À côté des défis les plus violents, il y a souvent un abîme de vulnérabilité. La jouissance de la puissance va de pair avec le désarroi de l'impuissance[1]. »

Et l'amour dans tout ça ?

Au terme de ce détour juridique, le lecteur pensera peut-être que nous avons pris bien des distances par rapport à cet amour dont nous traitons. Il n'en est rien. Non

---

1. *Ibidem.*

seulement l'amour n'est pas aussi éloigné qu'on pourrait le croire de la loi Perben (et des mesures répressives qui l'ont précédée), mais il a même, à bien des égards, partie liée avec elle.

Il participe de deux façons à la nouvelle orientation donnée à la justice des mineurs. D'une part, parce que, contribuant grandement à la dévalorisation actuelle de l'éducation, il favorise la « fabrication » de plus en plus importante d'enfants délinquants. D'autre part, parce qu'il conduit à fausser le sens même de la notion d'éducation.

En effet, englués dans les bons sentiments dont on ne cesse de leur prêcher les vertus, nombre de parents finissent par croire que l'éducation peut (et doit) se limiter à des mots. Ils se permettent donc de formuler à leurs enfants les limites et les interdits, voire de les leur expliquer clairement. Mais, terrifiés à l'idée de se montrer « mal-aimants », ils ne s'autorisent plus à agir lorsque ces interdits sont répétitivement transgressés.

Les enfants se retrouvent donc devant des parents que leur inhibition réduit à l'impuissance et contraint au laxisme. Certains d'entre eux, persuadés que la société fonctionne comme leur famille, en concluent, assez logiquement, qu'il n'y a sans doute pas grand risque à passer de la « transgression familiale » à la « transgression sociale ». L'occasion faisant le larron, il ne leur reste plus dès lors qu'à franchir le pas lorsque celle-ci se présente.

Certains parents et, ce qui est encore plus inquiétant, certains professionnels plus prisonniers encore de ce piège, en arrivent même à diaboliser par avance toute idée de sanction, allant jusqu'à la présenter, ce n'est pas rare, comme un acte forcément maltraitant.

Nombre de magistrats d'ailleurs – de ceux pourtant dont la carrière et les engagements sont tels que nul n'oserait les taxer d'autoritarisme – le déplorent : « Pourquoi actuellement est-il devenu strictement impossible de parler d'une gifle donnée par un père ou une mère à un de ses enfants sans que cela soit considéré comme un mauvais traitement[1] ? »

Cette tendance de plus en plus répandue à confondre sanction et maltraitance est d'autant plus problématique que, à l'inverse, la « non-éducation » n'est, elle, jamais perçue comme pouvant faire l'objet d'une telle indignation. Elle n'est même que rarement contestée. Chacun d'entre nous le sait : le parent qui regarde sans mot dire son enfant faire tout et n'importe quoi au square, à la maison ou chez des amis ; celui qui le laisse, ne respectant rien ni personne, mettre sa sécurité et celle des autres en danger n'est jamais désigné par son entourage comme « maltraitant ». Ce que, pourtant, il est. Car « l'omission » est en matière d'éducation tout aussi destructrice que « l'excès d'action ».

Cette double influence de l'amour, qui réussit à la fois à dénaturer l'éducation et à favoriser la « non-éducation », pèse très lourd sur notre société.

Et ses conséquences sont même si graves qu'elles nous semblent pouvoir être invoquées au titre des éléments qui concourent aujourd'hui à faire, quoi que l'on en veuille, le lit de la répression.

En effet l'éducation n'ayant plus droit qu'à la portion congrue et, du fait de la prohibition des sanctions, étant souvent réduite à du « bla-bla-bla », il est facile aux partisans du tout répressif de dire, lorsque la délinquance augmente, que le temps est venu d'en finir avec l'éducatif. Et qu'il conviendrait maintenant de passer aux choses sérieuses... c'est-à-dire aux sanctions.

Ils ont, dans un tel contexte, toute latitude pour accréditer auprès du public l'équation mensongère : « Édu-

---

1. Philippe Chaillou, *La Violence et les jeunes*, Paris, Gallimard, 1996, p. 42.

quer, c'est laisser faire » et, une fois la majorité ralliée à ce panache douteux, sortir de leur chapeau la solution miracle. Celle qui a fait ses preuves au « bon vieux temps » et dont ils pensent sans doute que l'âge n'a pas altéré les vertus : la sanction... sans éducation.

Tour de passe-passe grossier mais efficace à l'issue duquel partisans de l'amour – c'est-à-dire de l'éducation sans sanction – et tenants de la répression – c'est-à-dire de la sanction sans éducation – se retrouvent sur le même terrain. Bonnets blancs et blancs bonnets. Unis pour le meilleur... et surtout pour le pire.

Pour les uns comme pour les autres en effet, sanction ne peut pas plus rimer avec éducation qu'éducation avec sanction. Le « tout amour » et le « tout répressif » deviennent donc – et ce n'est pas le moindre des paradoxes – les revers de la même médaille.

Quand on punit les enfants pour ne pas mettre en cause les parents

Les enfants font les frais de la situation. L'éducation étant mise hors jeu, ils deviennent les seuls coupables, les méchants, les mauvais, ceux qu'il faut, comme au temps de la Petite Roquette, enfermer.

Vision des choses qui, pour la société, présente un certain avantage (et même un avantage certain) puisqu'elle lui permet à la fois de se protéger et de protéger les parents de tout questionnement.

Dans une telle perspective s'interroger sur les capacités éducatives des géniteurs et, par voie de conséquence, sur les moyens que les instances sociales (qui sont supposées porter assistance aux enfants victimes dans ce domaine de carences) se sont ou non données pour les vérifier, n'est plus de mise.

Plus question de mettre en cause les familles. Au contraire. On peut désormais présenter les parents comme des victimes impuissantes et dépassées par les turpitudes de leur progéniture ; les plaindre d'avoir engendré de tels monstres.

Ils ne se voient plus incriminés que lorsqu'ils ont vraiment passé et de façon par trop visible toutes les bornes du « laisser faire » ou de « l'incitation au n'importe quoi ».

Sans d'ailleurs qu'une telle mise en cause change quoi que ce soit quant au fond car elle se fait alors le plus souvent :

• soit sur un mode tellement caricatural, tellement violent et tellement répressif qu'il mobilise à juste titre dans l'instant même toutes les protestations. Quel sens peut avoir par exemple l'incarcération – comme elle eut lieu en Grande-Bretagne – d'une mère au seul motif qu'elle ne parvient pas à obliger sa fille à aller à l'école ?

• soit en brandissant la menace de sanctions financières, telle la suppression des allocations familiales, qui sont non seulement inhumaines et stupides (car on voit mal que le fait d'affamer un parent puisse réussir à le rendre meilleur) mais également très ambiguës car elles ne peuvent pénaliser vraiment que les familles modestes qui sont les seules à en avoir un besoin vital.

Promouvoir ce genre de sanctions revient donc à les désigner implicitement comme cible ; à établir une équivalence entre parents pauvres (exclus, immigrés, etc.) et mauvais parents. Et à valider par là même l'idée d'une origine essentiellement sociale des défaillances parentales.

Idée, nous l'avons dit, fausse (car les problèmes matériels ne font qu'accroître les difficultés éducatives, elles ne leur donnent pas naissance) mais qui faisait déjà florès avant la loi Perben. En décembre 2001, M. Lionel Jospin, alors Premier ministre, ne résumait-il pas en ces termes les causes de la délinquance[1] : « On peut dire que c'est le chômage, le cadre urbain ou un manque d'intégration, mais... »

De plus, ces parents protégés de tout questionnement par la loi Perben sont également invalidés par elle. Rendre passibles en effet de sanctions pénales des enfants à un âge, dix ans, où ils devraient relever essentiellement de l'autorité parentale revient à mettre leurs géniteurs sur la touche. Et, après les avoir posés comme peu susceptibles d'être sanctionnés, à les désigner comme incapables eux-mêmes de sanctionner.

Dès lors l'État peut, en toute bonne conscience, se substituer à eux. Non pas comme on pourrait le souhaiter et comme le préconisait l'ordonnance de 1945, pour éduquer leurs enfants mais pour les punir.

Une loi à contresens

On peut donc dire que si l'ordonnance de 1945 était ambiguë quant à la responsabilité des mineurs et aux peines qu'ils pouvaient encourir (elle ne disait pas que l'on devait exclure ces peines, mais...), la loi Perben qui a mis la barre à cent quatre-vingts degrés dans l'autre sens est, elle, plus qu'ambiguë quant à l'éducation. Elle ne dit pas qu'il faut l'exclure, mais...

La justice qu'elle met en place ne se préoccupe plus de comprendre mais seulement de punir et contribue de

---

1. *Le Monde*, 4 décembre 2001.

ce fait à accréditer l'idée que comprendre empêcherait de punir.

C'est à la fois un retour en arrière et une erreur.

En fait la loi Perben va à contresens de l'objectif qu'officiellement elle se fixe – la diminution de la délinquance – car, par toutes les mesures qu'elle met en place, elle disqualifie l'éducation ; alors même que celle-ci est le seul rempart contre la délinquance.

Celle-ci ne s'est pas développée parce que, comme on voudrait nous le faire croire, on ne sanctionnait pas assez (et pas assez fort) les mineurs.

Elle s'est accrue bien sûr pour des raisons économiques. Mais aussi parce que notre société, méconnaissant l'importance de l'éducation, s'est montrée au fil du temps de plus en plus incapable de prévenir les failles éducatives des parents et d'en protéger, suffisamment tôt, leurs enfants.

Troisième partie

L'éducation,
moteur de la construction de l'enfant

1

La grande oubliée de notre époque :
l'éducation

Cette dévalorisation de l'éducation, les psychanalystes ont, dans leur pratique, l'occasion jour après jour de la constater.

Une nouvelle population de petits patients peuple en effet désormais leurs cabinets et ceux de toutes les catégories professionnelles que la mode regroupe aujourd'hui sous le vocable perturbant à force d'être indéfini de « psys ».

Elle est composée d'enfants et d'adolescents qui ne ressemblent guère pour la plupart à ceux qui leur étaient confiés autrefois. Les symptômes qu'ils présentent en effet n'ont pas changé car les enfants utilisent toujours les mêmes (retards de parole, de développement ou d'apprentissage, troubles du caractère, difficultés relationnelles, etc.) pour dire leur mal-être. Mais leurs causes ne sont plus les mêmes.

Ces enfants, fait nouveau, ne sont pas, pour l'essentiel, malades du fait de répétitions qui, traversant l'histoire de leurs parents, les auraient pris à leur tour pour cibles. Leurs souffrances, leur état d'« enfants en souffrance » perdus dans l'attente qu'on leur ouvre, enfin, les portes de la vie, n'ont pas pour origine des tragédies privées et singulières. Ils ne pâtissent pas, par exemple, d'avoir été mis inconsciemment par leur père à la place du petit frère qu'il jalousait et dont, à quarante ans de distance, il se reproche encore la mort précoce ; ou par leur mère à celle de la génitrice redoutée qui la tyrannisait. Ils ont certes comme tout un chacun et leurs parents avec eux des histoires personnelles plus ou moins lourdes. Mais elles ne suffiraient pas à elles seules à les empêcher de vivre.

Les troubles dont ils souffrent n'ont pas pour cause principale l'inconscient familial. Le mal qui les ronge est d'une autre nature : ils sont malades de leur éducation ou, plutôt, de leur absence d'éducation.

Et le fait est facile à démontrer.

Car il suffit en général que l'analyste se livre avec leurs parents et eux à une exploration minutieuse et poussée de la vie familiale pour que, les erreurs voire les aberrations éducatives étant révélées et rectifiées, la plus grande partie des symptômes cède et que les choses rentrent très rapidement dans l'ordre.

On pourra évidemment nous objecter, d'une part, que l'afflux de ce type de patients n'implique pas forcément qu'ils soient plus nombreux. Il n'atteste peut-être que d'une plus grande propension des parents à consulter et que, d'autre part, les carences éducatives ne sont en rien nouvelles ; que, de tout temps, des enfants en ont pâti ; et que les thérapeutes, ceux du moins qui ne considèrent pas comme négligeables les conditions de vie réelles des enfants qu'ils reçoivent, ont toujours eu à convaincre certains parents de l'opportunité de mettre (ou de remettre) en place des repères éducatifs.

Ces arguments ne sont évidemment pas négligeables mais ils n'infirment pas vraiment le propos. Il est vrai que les parents consultent aujourd'hui plus volontiers qu'auparavant, la diffusion de « l'information psy » leur permettant de ne plus associer forcément la démarche au spectre terrifiant de la folie : « Pourquoi je l'emmène-rais voir un psy ? Il n'est pas fou mon fils ! »

Et il est également vrai que les carences éducatives ne sont pas nées avec notre époque. Mais trois choses essentielles ont changé : le nombre d'enfants en mal d'éducation, la gravité des carences dont ils souffrent et surtout la cause de ces carences.

Autrefois en effet les manques éducatifs les plus criants avaient pour origine, dans leur grande majorité, des problèmes névrotiques du père et/ou de la mère de l'enfant. Ils avaient donc des racines profondes et l'ana-lyste ne pouvait guère espérer en venir à bout sans une psychothérapie de l'enfant et un travail avec ses parents qui, leur permettant de comprendre les raisons de leur comportement, les aide à le modifier.

Cette catégorie de patients n'a évidemment pas dis-paru mais elle n'est plus la seule. Une autre a vu le jour. Celle d'enfants dont les géniteurs sont victimes non pas tant de leur « névrose » que de ce que l'on pourrait appeler, nonobstant la vulgarité de la formule, le « bor-del ambiant » en matière d'éducation.

Ainsi par exemple les mères qui autrefois laçaient encore les chaussures de leur fils de douze ans le faisaient en général pour des raisons, douloureuses, qui ren-voyaient à leur propre histoire. Il s'agissait par exemple de femmes qui, hantées par la peur que leurs enfants ne ressentent le sentiment d'abandon qui avait baigné leur propre enfance, s'ingéniaient en permanence à les entourer, sans pouvoir entendre, qu'ainsi, elles les étouf-faient.

Aujourd'hui, il n'est pas toujours nécessaire d'aller chercher aussi loin car nombre de femmes pas plus angoissées que la moyenne se conduisent exactement de la même façon. Simplement parce que l'idée qu'il puisse y avoir en matière d'éducation des limites, des repères, ou des normes leur est de toute évidence étrangère.

Il n'est d'ailleurs, pour s'en convaincre, qu'à entendre leur stupéfaction lorsqu'on leur explique que leur comportement n'est pas anodin et peut, sans qu'elles le sachent ni le veuillent, porter préjudice à leur enfant : « Ah bon... vraiment ?...Vous croyez ? »

Le cas de ces mères est d'autant plus intéressant qu'elles sont le plus souvent pleines de bonne volonté, soucieuses de leurs enfants et parfaitement prêtes à changer d'attitude dès que des explications claires leur sont données.

Elles attestent donc par leurs errances mêmes la façon, dramatique, dont l'éducation est en passe de devenir la grande méconnue de notre époque. En quoi consiste cette méconnaissance ?

Une vision déformée de l'éducation

Il faut noter d'abord que la notion d'éducation fait dans notre société l'objet d'un malentendu car elle est pensée de façon restrictive.

En effet – et c'est perceptible aussi bien dans les discours que dans les mesures prises –, on ne la considère pas aujourd'hui comme une dimension essentielle de la construction de l'enfant mais comme un « en plus » qui, une fois cet enfant construit, le rendrait apte à vivre au milieu de ses semblables. Grâce à l'éducation, il apprendrait à se conduire en société comme il apprend, par le biais de tel ou tel apprentissage, à se servir de son corps pour une activité ou une autre.

On réduit donc considérablement le rôle et la portée de l'éducation en ne lui concédant qu'une fonction adaptative. Cette vision des choses est lourde de conséquences car l'éducation ainsi perçue n'est pas supposée atteindre l'enfant dans les fondements de son être. Elle n'est pas conçue comme un facteur susceptible de modifier en profondeur ce qu'il est.

Elle n'est supposée intervenir que sur la façon dont il se comporte. Partant de là, l'absence d'éducation ne peut être estimée à sa juste valeur.

On peut la juger préjudiciable pour l'enfant mais elle n'est pas vécue comme totalement invalidante puisque dans cette optique elle n'est pas vitale pour lui. On considère donc volontiers qu'un enfant non éduqué est socialement handicapé mais on pense rarement qu'il puisse être psychiquement en danger... ce que, pourtant, il est.

Ce malentendu sur la place, le rôle et l'importance de l'éducation explique certainement que les carences éducatives majeures, constatées dans nombre de familles, ne fassent pas l'objet d'une prise en charge plus énergique. Il permet également de comprendre pourquoi notre société, déduisant de l'idée que l'éducation s'applique à l'enfant déjà construit qu'elle pourrait l'être à tout âge, s'acharne à inventer des méthodes et des structures qu'elle pense capables d'éduquer les adolescents dont les dérapages graves prouvent qu'ils ne l'ont pas été. Faisant en cela la même erreur qu'une cuisinière qui, constatant que le gâteau qu'elle a confectionné n'est pas au chocolat, croirait qu'il suffit de rajouter en fin de cuisson quelques grammes de ce produit pour qu'il le devienne...

Le spectre de l'éducation-répression

Cette réduction de l'éducation à sa seule fonction d'adaptation sociale n'a pas seulement pour effet d'en diminuer notablement la portée. Elle en déforme également le contenu. Éduquer est le plus souvent, dans « l'impensé collectif », synonyme de « frustrer ». Pour le plus grand nombre, éduquer un enfant, c'est d'abord et avant tout lui apprendre qu'il ne peut pas tout faire. Définition que l'on aurait mauvaise grâce à contester, n'était le sens donné au « tout » incriminé car, dans cette optique, il est essentiellement conçu comme « tout ce que l'enfant aurait envie de faire » ou « tout ce qui lui apporterait du plaisir ». Envisagée de cette façon, l'éducation est supposée tuer (au moins en partie) chez l'enfant la spontanéité et l'aptitude au plaisir. Meurtre que l'on pense nécessaire mais meurtre néanmoins...

Le concept d'éducation se déploie toujours sur fond d'un tintamarre d'interdictions : « Ne fais pas ci ! Ne fais pas ça ! » ou d'injonctions : « Tu dois faire ceci ! Tu dois faire cela ! » Sans qu'aucune contrepartie (autre que le fait de ne pas être en guerre avec la société) soit perceptible pour l'enfant, sans que l'on comprenne tout ce qu'il a, dans l'opération, à gagner. Là encore, les conséquences de cette vision des choses sont multiples.

Elle a d'abord pour effet que le statut du plaisir que l'on croit réprimer chez l'enfant ne soit jamais véritablement interrogé. En effet, à partir du moment où l'on oblige l'enfant à y renoncer et où on le fait en croyant que c'est pour le bien de la société, on ne peut plus imaginer que ce « plaisir » n'ait pas forcément le sens que l'on croit et que, de surcroît, il puisse être de nature à mettre l'enfant en danger. Au contraire. Le renoncement imposé donne au plaisir des saveurs de paradis perdu et il ne peut que sortir grandi, voire mythifié de cette opération « éducation-répression ».

Pour les parents, cette vision impensée est des plus dangereuses. Nombre d'entre eux ne se sentent aucune légitimité réelle à mettre ainsi leur enfant dans une cage

154

trop petite pour contenir ses plaisirs. Ils vacillent : « S'il préfère le jeu plutôt que l'école, est-ce si grave ? Il aura bien le temps de souffrir plus tard ! » Et leur angoisse est plus importante encore, nous l'avons déjà évoquée, quand ils ont connu eux-mêmes des enfances réprimées.

Certains, pourtant partisans de l'adaptation sociale, oublient même la société et ses besoins et s'accusent de n'imposer à leur enfant des règles que pour préserver leur propre tranquillité : « C'est bien joli tout ça, mais qu'est-ce qui me dit que je ne lui mets pas des limites seulement pour avoir la paix ? »

Chez d'autres, on constate même une volonté inconsciente de revanche contre tous les arbitraires auxquels ils ont été eux-mêmes confrontés dans leur propre enfance. Pour ces parents, leur enfant qui transgresse est, sans qu'ils le sachent, une sorte de héros qui va les venger de tous les renoncements injustes qui leur ont été jadis imposés. Une part d'eux-mêmes qu'ils ignorent ne désavoue pas les actes de leur progéniture alors que, consciemment, ils les condamnent... Et elle se laisse entendre parfois en consultation au hasard d'un sourire qui leur échappe au moment même où ils énoncent les dramatiques faits d'armes de leur rejeton. Ou à un rien de fierté qui perce au travers de leur plainte : « Ce n'est pas possible, quand même, cet enfant, je me demande où il va chercher tout ça ! »

En fait, ces errances et ces atermoiements ont la même origine. Ils renvoient tous à la même méconnaissance. Ils parlent tous de la façon dont on semble avoir oublié qu'il existe une construction psychique de l'enfant.

À cet égard, notre époque, nous l'avons déjà dit, est celle d'un paradoxe. Jamais les « psys » n'ont été aussi présents en tous lieux ; et jamais les connaissances sur le psychisme de l'enfant n'ont été aussi vagues.

Chacun raisonne aujourd'hui soit comme s'il pensait que l'enfant sort tout armé du ventre de sa mère, qu'il vient au monde nanti de traits de caractère, de forces et de faiblesses déjà constitués ; soit comme si, admettant l'idée d'un développement progressif du « petit d'homme », il considérait néanmoins que celui-ci peut se faire automatiquement, naturellement et sans aide.

Or ni l'une ni l'autre de ces deux propositions ne sont vraies.

La « croissance psychologique »

• Sur le plan du psychisme, rien n'est donné au départ, tout se construit. Il existe pour l'enfant ce que l'on pourrait appeler, pour approximative que soit la formule, une « croissance psychologique », parallèle et comparable à celle de son corps. Au fil des années et en prenant appui sur les liens qui l'unissent aux membres de sa famille, l'enfant élabore peu à peu son rapport à lui-même, à l'autre, à la sexualité, au travail, à la loi, au plaisir, au malheur, etc. C'est-à-dire l'ensemble des facteurs qui façonneront ce qui apparaîtra plus tard comme sa personnalité.

Loin d'être en effet, comme on le pense trop souvent, l'effet d'un caractère avec lequel le nourrisson viendrait au monde (« Que voulez-vous ! C'est sa nature. Il a toujours été comme ça. C'est un timide mon fils ! »), celle-ci dépend entièrement de ce qu'il va vivre.

• Cette croissance n'a rien d'automatique, elle est au contraire particulièrement complexe et présente deux caractéristiques majeures. Elle commence beaucoup plus tôt qu'on ne le croit. Elle débute pour l'enfant dès l'aube de sa vie. Elle s'accroche à son premier souffle[1] et conditionne ce que sera sa vie entière. Les pensées, les idées, les fantasmes, les projets, mais aussi bien les impossibilités qui peuplent la tête d'un adolescent ne datent jamais de ses premiers poils de barbe. Ils sont toujours le fruit de ce qui a ou n'a pas été semé en lui dès le berceau (et de la façon dont, bon ou mauvais, il l'a fait fructifier).

C'est à l'âge où le nourrisson ne peut pas encore parler que se prépare en lui l'aptitude au langage. De même la délinquance ne naît pas à onze ou douze ans au moment où elle se manifeste par des actes. Elle ne surgit à cet âge que sur des « fondements » qui, dès deux ou trois ans, l'ont rendue possible.

• Elle ne peut pas se faire sans l'aide des adultes. Un enfant en effet ne grandit pas, dans sa tête, « naturellement ». Il ne découvre pas « naturellement » le mode d'emploi de la vie humaine. Il n'accède pas « naturellement » à la conscience et à la maturité. Il lui faut l'aide de ses aînés.

Le petit d'homme, on l'oublie trop souvent, arrive sur terre aussi dépourvu de repères que le serait un Martien parachuté sur notre planète.

Si personne ne lui explique le monde ; si personne ne lui dit qui il est et qui sont les autres ; si personne ne lui enseigne les codes et les usages, il n'a aucun moyen d'acquérir seul tous ces savoirs.

Pour « grandir psychologiquement » l'enfant a donc un besoin vital de parents (ou de substituts parentaux) capables de jouer pour lui le rôle d'un guide en terre étrangère. De la lui faire découvrir en lui montrant pas à pas le chemin. Et de l'initier peu à peu à la façon dont

---

1. En fait elle débute plus tôt encore car la vie *in utero* et les conditions mêmes de la conception de l'enfant sont à prendre en compte.

on y vit en lui donnant pour modèle la façon dont eux-mêmes se comportent.

Guider de la sorte un enfant porte un nom. Cela s'appelle l'éduquer.

L'éducation, vecteur essentiel de la construction de l'enfant

L'éducation n'est donc pas, loin s'en faut, une simple technique d'adaptation de l'enfant à la vie sociale. Elle est le vecteur essentiel de sa construction, le support fondamental de sa « croissance psychologique ».

Au début de sa vie, l'enfant est semblable à un petit animal. Il n'a d'autre but que de satisfaire, par n'importe quel moyen et le plus rapidement possible, son plaisir du moment. Il est l'otage de ses pulsions. C'est l'éducation, et elle seule, qui lui permet de ne plus en être la proie impuissante ; qui le rend apte à passer de l'état de « petit mammifère » à celui d'un être capable de penser, de parler et de vivre au milieu de ses semblables. C'est elle et elle seule qui fait de lui un être « humain ».

Car, on ne le répétera jamais assez, si le corps du « petit d'homme » grandit sans changer de nature, selon un processus qui n'est en rien différent de celui qui permet au corps du petit chiot de devenir celui d'un grand chien, il n'en est pas de même de son psychisme.

La « croissance psychologique » de l'enfant ne se limite pas à faire d'un psychisme de petit un psychisme de grand. Elle implique une mutation, un passage essentiel de l'animalité à l'humanité.

Les « enfants sauvages » qui, en leur temps, fascinèrent la science en sont d'ailleurs la preuve vivante. Obligés de vivre dans la seule compagnie des animaux, ils réussirent à maintenir leur corps en vie mais leur esprit ne put se développer. Privés d'une éducation humaine, ils restèrent à mi-chemin entre l'animal et l'humain.

Françoise Dolto, qui a travaillé sa vie entière à faire entendre l'importance fondamentale de cet accompagnement de l'enfant par ses aînés, proposait d'ailleurs que l'on remplace le mot « éducation » par celui d'« humanisation ». Terme qui prête beaucoup moins à malentendus et surtout rend à la notion sa véritable dimension. Éduquer un enfant, l'humaniser, c'est en effet à la fois :

• l'aider à découvrir ce qu'il est, ce qu'il aime, ce qu'il veut, à développer ses potentialités, à construire son être propre, sa singularité ;

• et lui permettre parallèlement, en lui enseignant les règles de la vie humaine, d'inscrire cette singularité dans la communauté des autres.

Les deux démarches sont d'ailleurs indissolublement liées. Apprendre à un enfant que l'autre, quel qu'il soit, est un être respectable que l'on se doit de respecter... quoi qu'il en coûte, c'est lui donner l'une des clefs de la vie en société. Mais c'est aussi, dans le même temps, agir sur la construction de l'image qu'il aura de lui-même en le renforçant dans le sentiment de sa propre dignité. « Si l'autre est respectable parce qu'il est un être humain, étant moi-même un être humain, je suis moi-même respectable. Je suis donc en droit de me respecter et d'exiger que l'on me respecte. »

À cet égard, on peut remarquer que l'adolescent délinquant, à qui l'on n'a pas permis de faire ce trajet et que son absence d'éducation condamne à ne voir dans l'autre qu'un objet, une proie dont il peut abuser, n'a pas de lui-même une image plus valorisée. Si l'on prend la peine de l'écouter, il ne manque jamais de l'exprimer. Sous la forme, souvent, d'une sorte de défi agressif par lequel il tente de dissimuler son désespoir : « Je me conduis comme une merde ? et alors ? C'est normal ! Je sais bien que je ne suis qu'une merde ! »

Ce sentiment aigu de sa propre déchéance, l'adolescent délinquant le justifie souvent de mille façons et notamment en invoquant, à juste titre, ses conditions de vie quand elles sont socialement et économiquement déplorables. Mais il renvoie toujours en dernière analyse au vide éducatif dans lequel il a vécu. Ce que dit cet adolescent, par son défi désespéré, c'est qu'il n'est qu'un « rien », dans un monde de « riens ». Qu'il n'y a donc pour lui d'autre issue que d'essayer d'être le plus fort (ou le moins faible) de ces « riens ».

Les règles du jeu de la construction

Accepter d'entendre que l'éducation est le pivot de la construction de l'enfant ne va cependant pas de soi car cela ne peut être sans conséquences ; en premier lieu sur la façon dont on la conçoit.

Si l'on accorde à l'éducation cette place et cette importance, il devient en effet impossible de continuer à penser qu'elle pourrait se faire « au petit bonheur la chance » ; de ne la faire relever que des hasards des modes éducatives, de la fantaisie ou du bon vouloir de chaque parent. Un tel positionnement implique au contraire que l'on envisage sérieusement la question de son contenu ; que l'on admette l'obligation de la structurer autour d'un certain nombre de règles et de repères.

Toute construction obéit à des lois et il en va à cet égard des enfants comme des bâtiments. Ils ne peuvent ni physiquement ni psychiquement « tenir debout » s'ils sont construits n'importe comment. Malheureusement, l'idée de clarifier la notion d'éducation se heurte à de multiples résistances.

160

La nécessité pour favoriser le développement de l'enfant de respecter certains repères et certaines règles est en effet aujourd'hui considérée comme une évidence lorsqu'il s'agit de son corps. Mais on ne parvient pas encore, pour son psychisme, à l'envisager. Le fait n'est pas sans intérêt car il démontre une fois de plus que, si notre société accepte le postulat d'une logique du corps, elle se refuse toujours à reconnaître l'existence d'une logique équivalente pour le psychisme. On admet volontiers aujourd'hui qu'un excès de nourriture expose inévitablement, et quel que soit l'état de son système digestif, celui qui s'y livre à une indigestion. Mais l'idée que certaines conditions de vie puissent, à elles seules, mener un enfant à la folie continue à provoquer doutes et suspicions.

Notre époque garde du psychisme une image nébuleuse. Il reste, pour le plus grand nombre, noyé dans un flou artistique que, paradoxalement, la vogue psy n'a pas dissipé mais au contraire renforcé. Et ce flou autorise toutes les dérives.

Pourtant, même si l'on ne peut comparer terme à terme le psychisme et le corps (le fonctionnement de ce dernier obéissant à des lois que l'on peut généraliser alors que chaque fonctionnement psychique est unique), la « croissance psychologique » de l'enfant et celle de son corps présentent bien des similitudes.

Comme celle de son corps, la « croissance psychologique » de l'enfant exige que l'on prévienne certaines carences. Le manque de paroles, de limites, de respect, de sécurité, d'attention, d'affection hypothèque son développement psychique tout autant que la privation de nourriture porte atteinte à celui de son corps. Il entraîne une « malnutrition éducative » qui est, nous l'avons déjà dit, en passe de devenir l'une des maladies de notre siècle.

Elle nécessite :

• un certain nombre d'apports. Aucun enfant, par exemple, ne peut découvrir seul qu'il est nécessaire, pour avancer dans la vie, de travailler ; de renoncer à son plaisir immédiat et de s'astreindre à des efforts (pas toujours agréables). Il faut le lui enseigner ;

• un équilibre de ces apports. L'enfant doit apprendre à contenir sa violence, à ne pas attaquer les autres. Mais il doit également devenir capable, si cela est nécessaire, de se défendre d'eux. Il faut donc lui permettre de développer aussi bien le contrôle de lui-même qu'une capacité d'agressivité que l'on pourrait dire « positive » ;

• et la mise en place d'interdits. Le civet de lièvre n'est pas une nourriture adaptée à l'estomac d'un enfant de dix-huit mois. De la même façon, la pornographie, la violence ou le contact avec la sexualité adulte sont nocifs pour son développement psychologique et devraient être proscrits.

Maîtres d'œuvre de la construction de leur enfant, les parents devraient être à même de connaître ces repères et de les respecter. Et donc de ne pas s'en tenir à leur seule intuition. Celle-ci, certes importante, ne peut être utile à leur enfant que si elle se déploie à l'intérieur d'un cadre, fait de règles précises. Là encore, un parallèle peut être établi avec le corps. Notamment avec les problèmes que soulève l'alimentation d'un enfant.

Pour le nourrir de façon à favoriser sa santé et sa croissance, ses parents doivent en effet mettre en œuvre à la fois leur intuition (pour aller à la rencontre de ses goûts et de ses dégoûts ; trouver la meilleure manière de l'initier au plaisir de nouveaux aliments) et la connaissance de repères qu'ils ne peuvent découvrir seuls et pour lesquels ils ont besoin de l'aide de leur pédiatre

(pourcentage de protides, de lipides, de glucides nécessaires à chaque âge).

L'éducation exige de leur part une dialectique du
même ordre.

La grande peur des normes

En fait, et l'on craint trop souvent de l'affirmer, l'éducation, pour avoir un sens, doit obéir à des règles précises. Elle ne peut se concevoir sans normes. Or l'idée
qu'il puisse y avoir des normes en la matière est sans
doute à notre époque l'une des notions les plus violem-
ment rejetées.

En premier lieu pour des raisons historiques. Nous
sommes en effet encore dans l'après-Mai 68. Cette
époque où une génération entière s'éleva, à juste titre,
contre l'utilisation perverse que parents et société pouvaient alors faire dans un but uniquement répressif, de
l'idée de norme. Contre la façon dont ils n'hésitaient pas
à l'invoquer pour, justifiant (et masquant) ainsi leur bon
plaisir, leur névrose ou leur adhésion inconditionnelle à
l'idéologie ambiante, assassiner avec la plus parfaite
bonne conscience chez leurs enfants toute velléité de
créativité, de sexualité, de liberté.

Or affirmer qu'il doit y avoir des normes en matière
d'éducation ne veut pas dire qu'il faille être normatif. Il
ne s'agit en aucun cas de mettre tous les enfants dans le
même moule en niant leur singularité et leur désir.

Chaque enfant est unique. Il doit être écouté et respecté comme tel. On ne construit pas un enfant comme
on monte un meuble en « kit » à l'aide d'une « notice de
montage » identique à celle du voisin.

Dire qu'il y a dans ce domaine des normes c'est poser
qu'il existe, à chaque étape de la vie d'un enfant, des

conditions favorables à son développement et d'autres qui, au contraire, peuvent l'hypothéquer, voire le rendre impossible. C'est dessiner les contours d'un cadre qui vaut pour tous et à l'intérieur duquel chaque désir individuel peut se déployer, chaque personnalité – unique – se développer.

On peut d'ailleurs, pour illustrer la fonction de ce cadre, se référer à un exemple : celui de l'accès de l'enfant à l'autonomie pour les actes du quotidien. Exemple intéressant car, à ce niveau, nul ne peut évidemment décréter à quel âge précis, au mois près, chaque enfant devrait savoir se laver les oreilles ou lacer ses chaussures. Une telle affirmation serait en effet non seulement normative, au pire sens du terme, mais absurde et porteuse d'une violence destructrice pour l'enfant dont elle nierait la singularité.

Un repère cependant existe, qui peut être donné. Il consiste à poser qu'un enfant devrait toujours être autorisé et encouragé à accomplir seul les actes de la vie courante (s'habiller, se laver, etc.) à partir du moment où il est devenu techniquement capable de le faire. Étant bien entendu qu'il ne peut acquérir cette capacité que si l'on prend la peine de lui expliquer et de lui montrer ces gestes ; que si l'on a la patience de le soutenir dans un apprentissage qui est toujours, pour lui, difficile. Autonomie ne signifie pas abandon...

Qu'apporte la mise en place d'un tel repère ? Un changement considérable car il permet aux parents de ne plus être prisonniers d'une appréciation purement imaginaire des possibilités de leur enfant : « Moi, je pense qu'il est encore trop petit ! » ; d'être attentif à ses capacités réelles et même, si besoin est, d'évaluer leur progression : « J'ai essayé... c'est formidable ! Il y a deux mois, il ne pouvait pas. Maintenant, il y arrive ! »

Pourquoi encourager les parents à une telle démarche ?

Parce que l'expérience du travail clinique avec les enfants prouve que, si l'obligation de se débrouiller seuls trop tôt leur est préjudiciable, celle de rester dans la dépendance de l'adulte alors qu'ils auraient la capacité d'agir par eux-mêmes l'est tout autant.

Là encore, un parallèle avec le corps s'impose : des chaussures « à sa taille » rendent pour un enfant la marche aisée et agréable. Trop grandes ou trop petites, elles entravent ses pas.

Habiller encore un enfant qui pourrait apprendre à le faire seul est aussi invalidant pour lui que le serait le port de chaussures du 23 alors qu'il chausse du 32.

La dérive « psy »

Les raisons historiques précédemment évoquées, si elles pèsent très lourd dans le débat, ne sont cependant pas les seules à concourir au rejet de l'idée de normes en matière d'éducation. L'invasion actuelle de la psy ne lui est pas, elle non plus, étrangère.

La vogue psy a porté sur le devant de la scène le « subjectif » ; elle l'a même, pourrait-on dire, réhabilité. Fort des témoignages qui envahissent aujourd'hui aussi bien les radios et les écrans que la presse écrite, chacun se sent désormais légitimé dans ses angoisses, ses peurs, ses tourments les plus intimes et les plus infimes d'homme, de femme mais aussi de parent.

Cette entreprise de « dévoilement des âmes » et de réassurance généralisée n'aurait rien que l'on puisse lui reprocher si, en mettant l'accent sur le particulier, elle n'avait contribué à ce qu'on le privilégie aux dépens du général, à ce que l'on sacralise le subjectif en oubliant tout ce qui peut relever de critères « objectifs ». Cette dérive – car c'en est une – n'a pas épargné l'éducation.

Elle s'est traduite dans ce domaine par une tendance de plus en plus répandue à accréditer auprès du grand public l'idée que les parents pourraient élever leurs enfants sans se référer à aucun principe et en ayant pour seul guide leur subjectivité (ce qu'ils croient, sentent, ressentent).

Mais la vogue psy ne s'en est pas tenue là car – et c'est sa seconde caractéristique – elle a parallèlement donné lieu à une floraison ininterrompue de conseils de spécialistes qui, sollicités en permanence, sont amenés à émettre, à propos de chaque difficulté, des avis supposément autorisés.

Les uns leur disant « Faites comme vous le sentez » tandis que les autres leur conseillent « Faites comme ceci » ou « comme cela », les parents se retrouvent donc confrontés à une contradiction d'autant plus importante que les conseils psy qui les assaillent sont tous eux-mêmes contradictoires (c'est, compte tenu de leur multiplicité, inévitable...). Et sont de plus en général énoncés par leurs auteurs (ou restitués par les médias) d'une façon trop abrupte ou trop succincte pour qu'il soit possible d'en comprendre les fondements.

Ces conseils ne constituent donc pas pour les parents une véritable information. Ils ne leur donnent pas vraiment les moyens de penser par eux-mêmes ; de prendre leurs problèmes en main et de réussir à les envisager sous un nouveau jour. Au contraire. Il n'est pas rare qu'ils les désorientent, les perturbent et accroissent encore un peu plus leur désarroi.

De fait, nombre d'entre eux arrivent aujourd'hui en consultation plus perdus que jamais et ne sachant véritablement plus à quel saint se vouer.

Ils oscillent souvent entre deux attitudes : soit ils ne renoncent pas à se poser des questions et se débattent alors dans une angoisse plus grande encore qu'auparavant. Soit ils baissent les bras et finissent par conclure de cette inflation d'avis divergents que, à l'instar des goûts, toutes les opinions sont dans la nature ; que chacun peut donc, sans grand risque, n'en faire avec ses enfants qu'à sa tête et à son idée.

Or cette conception est à la fois fausse et dangereuse. Car, de même que l'on ne peut favoriser chez un enfant l'épanouissement de son désir sans lui faire entendre dans le même temps que celui-ci n'est pas tout-puissant ; sans lui enseigner qu'il ne peut se déployer que dans le cadre des lois humaines et des réalisations qu'elles autorisent (on peut avoir une passion folle pour la Joconde. On ne peut pas pour autant la prendre sous son bras et l'emporter chez soi...). De même il faut, chez les parents, respecter leur subjectivité, leurs sentiments, leurs ressentis, les répétitions que leur histoire leur impose ; admettre qu'ils ont chacun à inventer leur propre façon d'être parent, la forme d'autorité qui leur convient, etc. (et qu'aucune ne sera jamais idéale). Mais ne pas oublier pour autant que, nonobstant cette subjectivité, ils ont à remplir une tâche que l'on peut dire objective : celle d'apporter à leurs enfants un certain nombre d'éléments sans lesquels ils ne peuvent pas vivre ; qu'ils ont à accomplir un devoir parental qui ne peut souffrir aucune dérogation.

L'éducation, une protection pour les enfants et leurs parents

Cette obligation d'éduquer imposée aux parents est essentielle aussi bien pour eux que pour leurs enfants. Elle constitue pour tous une protection.

L'éducation, s'interposant entre eux et leurs parents, permet en effet aux enfants de ne pas être totalement livrés à la subjectivité (et donc éventuellement à la névrose) de ces derniers. Élevé par un père et une mère qui, même très angoissés, peuvent lui donner des limites et des repères (parce qu'ils en ont appris et compris la nécessité), un enfant n'échappera pas totalement à l'emprise de leur mal-être, mais il n'aura cependant pas le même destin que ceux que la désertion de géniteurs se jugeant trop souffrants pour intervenir laisse livrés à eux-mêmes. L'enfant que ses parents auront éduqué aura pour vivre des points d'appui. Il pourra trouver des repères dans les « lois au monde » qu'ils lui auront enseignées.

Mais l'éducation est également indispensable aux parents car elle leur permet d'acquérir un sentiment de sécurité et de légitimité. Certains ne manquent pas de le souligner : « Hier matin, il a encore jeté son assiette par terre pour dire qu'il ne voulait plus manger. Et quand je l'ai grondé je me suis encore sentie injuste et coupable. Et puis je me suis souvenue de ce que vous m'aviez dit. Que personne dans la société ne peut se conduire de cette façon et qu'il faut qu'il l'apprenne. Alors, je me suis dit que j'avais raison d'agir comme je le faisais. Et, depuis, il n'a pas recommencé. »

« L'inconscient-alibi »

Malheureusement, cette vision des choses, des plus logiques, n'est que rarement admise. Le subjectif continue de régner en maître. On laisse à la subjectivité parentale le privilège, exorbitant, de conduire, seule, toutes les opérations. Et l'on ne craint pas, pour cautionner cette dérive, d'utiliser les théories qui, comme celle de la psychanalyse, rendent compte du fonctionnement psychique.

Il faut savoir, par exemple, que l'inconscient (ou ce

que l'on croit tel) est aujourd'hui régulièrement invoqué, dans tous les milieux où l'on s'occupe d'enfants, non pas seulement pour expliquer les difficultés éducatives de certains parents ; position qui serait juste et permettrait d'envisager des prises en charge, des soins susceptibles de les aider à changer. Mais pour justifier ces difficultés, voire pour opposer une fin de non-recevoir (teintée bien souvent chez les professionnels d'une compassion qui, à leur insu, confine au mépris) à toute demande d'intervention. « Que voulez-vous, cette pauvre femme, ce pauvre homme, avec tout ce qu'ils ont vécu, ils ne peuvent pas envoyer leurs enfants régulièrement à l'école, leur imposer des limites », etc.

La « répétition » ou plus exactement une conception erronée – on pourrait même dire pervertie – du concept freudien de « répétition » est de plus en plus souvent avancée pour soutenir l'idée que la reproduction de génération en génération du même (du même malheur, de la même errance, de la même délinquance, etc.) serait inéluctable. Chacun se croyant dès lors condamné à l'impuissance, ce malheureux concept devient, triste destin, la caution du laisser-faire ou de l'action éducative a minima.

Le problème ne se limite d'ailleurs pas aux « circuits spécialisés » car, de façon générale, on induit de plus en plus souvent chez les parents (croyant sans doute les rassurer) l'idée que, ne pouvant de toute façon échapper à cette fameuse répétition, ils n'auraient à faire, en matière d'éducation, que ce qu'ils peuvent ; qu'ils seraient condamnés à n'agir que dans les limites de ce qu'elle leur dicte.

Affirmation parfaitement fausse.

Chaque parent est en effet, c'est une évidence, tributaire, pour l'éducation de ses enfants, de son inconscient et ne peut de ce fait échapper aux erreurs. Freud n'a cessé de le rappeler. Mais on ne peut pour autant réduire l'éducation à des effets d'inconscient. Car éduquer suppose un certain nombre d'actes et de paroles que tout parent peut (sauf cas vraiment exceptionnels) accomplir et dire quel que soit l'état de son inconscient.

Celui-ci ne peut donc pas indéfiniment être mis au rang des handicaps incontournables...

Tous les parents peuvent éduquer leurs enfants

La vogue psy conduit de plus en plus à oublier cette évidence et l'on ne peut que le déplorer. Car la pratique prouve que non seulement tous les parents (quels que soient leur propre parcours et leur degré de souffrance) peuvent, à condition d'être convenablement écoutés et aidés, réussir à éduquer leurs enfants, mais que, bien souvent, cette tâche dont ils découvrent qu'elle leur est accessible est pour eux un facteur de reconstruction.

Être ainsi informés et surtout responsabilisés permet à nombre d'entre eux de retrouver un sentiment de leur valeur que leur propre histoire ne leur avait pas permis d'acquérir (ou leur avait fait perdre). La rencontre avec un professionnel dont ils sentent qu'il est prêt à les aider et voit en eux autre chose que la victime pitoyable et impuissante d'un supposé destin est souvent pour eux le premier pas vers la sortie du cauchemar. Elle les arrache au tête-à-tête angoissant avec leur imaginaire, leur culpabilité, à leur impression de sans cesse mal faire.

Nantis de points de repère clairs, ils peuvent trouver la force de ne pas faire peser en permanence sur leurs enfants le poids de leur propre histoire : « C'est vrai, ce n'est pas parce que mon père hurlait tout le temps que je suis obligé d'en faire autant. » Et, de ce fait, de s'y soustraire eux-mêmes en partie.

Devenir des parents différents de leurs propres parents et en prendre conscience leur permet en effet de réparer quelque chose de leur propre enfance.

En faisant exister pour leurs enfants le lien d'amour structurant dont le manque reste à jamais pour eux comme une plaie ouverte, en remplaçant la violence et le silence par la parole, la tendresse et le respect, en essayant de devenir pour leurs enfants les parents qu'ils n'ont pas pu avoir, ils remettent en quelque sorte le monde sur ses pieds. Et se donnent de ce fait à eux-mêmes des points d'appui pour vivre.

J'ai entendu bien souvent dans mon cabinet, et je ne suis sans doute pas la seule, des pères ou des mères me dire : « Quand vous m'avez demandé de tout changer avec mon fils (de le sortir de mon lit, de lui imposer des limites, etc.) j'ai trouvé cela terrible et injuste et je vous en ai voulu. Parce que j'allais moi-même tellement mal que je ne pensais jamais pouvoir y arriver. Mais j'ai quand même essayé et maintenant que ça marche et que je vois comme il a changé, vous ne pouvez pas savoir comme je suis heureux (se). Parce que je me dis que mon fils, au moins, il ne vivra pas ce que j'ai vécu. Et que, en plus, c'est grâce à moi. Ça, au moins, je ne l'aurai pas raté. »

Signifier aux parents qu'il existe en matière d'éducation des principes qu'ils peuvent et doivent respecter, c'est exiger d'eux une réflexion et des efforts considérables. Mais c'est aussi leur délivrer un formidable message d'espoir. Parce que c'est leur dire que, quoi qu'ils aient eux-mêmes vécu, ils ne sont pas condamnés pour autant à le reproduire à l'identique avec leur descendance ; qu'ils ne sont pas voués à fabriquer des enfants aussi meurtris qu'eux-mêmes l'ont été.

L'inconscient existe et, avec lui, les répétitions inévitables qu'il entraîne. Mais, encore une fois, en matière d'éducation, l'inconscient n'est pas seul en scène. À charge parentale inconsciente (comme on dirait à charge virale) égale, le sort des enfants n'est pas le même selon que les parents respectent ou non pour leur éducation un certain nombre de principes. Il serait temps que l'on accepte de l'entendre. Il serait temps que l'on cesse de mettre l'inconscient (si l'on peut dire) à toutes les sauces. Et il serait temps surtout que l'on cesse de l'utiliser à tout bout de champ, tel un joker commode, dans le seul but de justifier l'injustifiable.

Qui peut proposer des règles ?

Mais, me dira-t-on, qui peut en matière d'éducation proposer des règles ? Qui peut apporter des repères aux parents, leur dire ce dont un enfant a besoin pour se construire ?

Ma réponse à cette question ne satisfera sans doute pas ceux de mes confrères qui considèrent que l'analyste n'a rien à affirmer ni surtout à enseigner hors du cercle fermé des cénacles spécialisés. Et elle fera probablement pousser des hurlements indignés aux idéologues purs et durs qui s'en vont professant que l'enfer, c'est les normes. Elle me semble cependant évidente : ce sont, je pense, les psychanalystes qui pourraient au premier chef se charger de cette tâche. Pourquoi ? Pour une raison très simple. Parce que, même quand ils ne reçoivent pas d'enfants, ils entendent à longueur de temps des adultes raconter sur leur divan ce qui, dans leur éducation, les a empêchés de vivre : l'absence de paroles et de tendresse, les interdits stupides ; la nudité de leurs parents imposée à leurs regards ; l'obligation d'entendre les bruits, les soupirs et les cris qui sortaient, lors des rapports sexuels, de leur chambre ; l'intrusion permanente de leur père ou de leur mère dans leur inti-mité. Les refus d'une information claire sur la sexualité ; les mères qui les « torchaient » encore à dix ans ; celles qui manipulaient chaque jour, à l'heure du bain, le pénis du petit frère devant la famille rassemblée ou annon-çaient bruyamment à tout le quartier les premières règles de la grande sœur ; la critique incessante de leurs choix ; les plaisanteries humiliantes ou graveleuses ; les obligations de manger même les jours où l'appétit n'était pas au rendez-vous ; les comparaisons incessantes et dévalorisantes entre les membres de la fratrie, etc.

Par-delà les histoires et les problématiques person-nelles, les mêmes thèmes lancinants, les mêmes récits douloureux ne cessent au cours des analyses de revenir. Chacun de ceux qui les énoncent a vécu d'une façon qui lui était propre ces souffrances quotidiennes mais nul n'en est jamais sorti indemne.

Alors, pourquoi s'entêter ? Pourquoi accepter que des générations entières continuent à être sacrifiées sur le même autel que leurs parents ? Pourquoi ne pas essayer d'empêcher les répétitions qui peuvent l'être en balisant, là où on le peut, de façon plus précise, le terrain de l'éducation ?

Pourquoi ce clivage – y compris chez les psychana-lystes – entre ce que l'on sait du malheur des adultes (et de ses racines) et ce que l'on ne veut plus entendre quand il s'agit des enfants ?

Pourquoi ces soignants, qui n'ignorent rien des conduites parentales qui ont détruit leurs patients adul-tes, feignent-ils de ne plus connaître la nocivité de ces mêmes conduites quand ils ont affaire à des enfants ? Pourquoi sont-ils si peu nombreux à s'autoriser (même dans le secret de leur cabinet) à dire clairement et fer-mement « stop » à des pratiques dont ils savent pourtant qu'elles vont hypothéquer la vie de leurs petits patients ? Quel serait l'enjeu ?

La psychanalyse, certes, n'est pas la psychologie. Elle n'a pas vocation à placer sous son microscope, telles des amibes ou des souris, les êtres humains et à édicter sur leur fonctionnement des lois générales.

Le champ de la psychanalyse n'est pas le général. Elle ne connaît que le singulier. Pour elle, l'enfant de six ans (ou « de deux ans » ou « de huit ans ») de la psychologie n'existe pas. Seuls existent DES enfants de six ans dont chacun est unique et doit être reçu, reconnu et respecté comme tel.

La psychanalyse ne peut donc pas établir un « mode d'emploi des enfants » qui vaudrait pour tous et dont, suivies à la lettre, les recommandations permettraient aux parents de faire croître, le plus harmonieusement possible, leur progéniture.

La tâche du psychanalyste n'est pas non plus de proposer au public, tel un marchand d'illusions, des méthodes infaillibles pour mener les enfants au bonheur. Il n'est ni un ayatollah susceptible de proclamer, au nom du dieu qu'il s'est choisi, la dictature du bien, ni un gourou attaché à promouvoir celle du bien-être. Tout dans son éthique s'oppose à ce qu'il prétende à ce type de projet fallacieux, totalitaire et fascisant.

Un enseignement possible de la psychanalyse

Que peut donc dire, alors, le psychanalyste dans le domaine qui nous occupe ?

Que peut-il apporter aux parents puisqu'il ne peut leur fournir un manuel d'éducation détaillé, supposé sûr et estampillé « psychanalytiquement correct » ?

Il peut accomplir une tâche moins folle et plus

modeste que celle-là mais dont l'utilité ne fait pas de doute.

Il peut, à partir de sa pratique, témoigner de ce que ses patients lui ont appris, de ce dont un enfant a besoin (et ne peut se passer sans souffrances) et de ce qui, au contraire, peut le détruire. Il peut dire ce que devrait être le rôle des parents, ce à quoi ils servent. Il peut, autrement dit, faire un travail pas plus glorieux sans doute mais en tout cas aussi utile que celui du transporteur qui, soucieux de protéger les objets qu'il convoie, inscrit sur les caisses qui les contiennent les mentions « Haut », « Bas » et « Fragile ». Il peut indiquer aux parents quelques principes à respecter pour préserver leurs enfants.

Des parents mobilisables

À ce type de proposition, il est devenu courant aujourd'hui d'opposer deux arguments. Le premier consiste à dire – thème déjà évoqué – que les parents étant prisonniers de la fameuse « répétition », il serait vain de leur proposer des pratiques différentes de celles qu'elle leur dicte ; le second qu'ils risqueraient, à s'entendre dire quoi faire, de perdre leurs propres façons de faire.

Ces deux objections ne me semblent ni l'une ni l'autre recevables. « Répétition », nous l'avons déjà dit, ne signifie pas déterminisme. Pour pris qu'ils soient dans ses filets, les parents n'en gardent pas moins une assez large marge de manœuvre. Dans le domaine de l'éducation de leurs enfants comme dans le reste de leur vie. Les repères qui leur sont donnés peuvent donc les aider à se rendre compte de ce qu'ils font (beaucoup plus de parents qu'on ne le croit n'en ont aucunement conscience...) et à y réfléchir. Voire s'ils le décident à changer de cap.

Risquent-ils pour autant de perdre dans cette opération leur singularité, leur créativité de parents ? En aucun cas.

La formation[1] des parents pose le même problème que l'éducation des enfants. Elle suppose d'articuler le désir et les règles. Leur tâche est comparable à celle de l'artiste qui doit inventer, créer tout en respectant le cadre imposé par sa technique. Or, chacun le sait, le fait que sa toile ait une dimension donnée, que le mélange des couleurs dont il use obéisse à certaines règles et que les combinaisons n'en soient pas infinies, n'a jamais empêché aucun artiste de peindre. De la même façon, prendre en compte certains principes n'empêche en rien les parents de devenir le père ou la mère qu'ils peuvent être. La mise en place de repères n'hypothèque ni leur capacité d'inventer leur façon personnelle d'être parents ni le plaisir qu'ils peuvent prendre à l'être. Elle ne met en cause que la jouissance de ceux (et ils ne sont pas si nombreux) qui – consciemment ou inconsciemment – entendraient user de leur enfant à leur guise et selon leur bon plaisir, comme ils le feraient de n'importe quel objet.

Y a-t-il lieu de déplorer qu'ils s'en trouvent dérangés ? On me permettra d'en douter.

La psychanalyse au risque de l'éducation

L'utilité pour les enfants et leurs parents d'une telle participation de la psychanalyse à la cause de l'éducation ne fait donc pas de doute. Mais on peut soutenir

---

1. Terme que je n'aime guère car, appliqué aux parents, je l'ai toujours trouvé quelque peu condescendant. On voudra bien me pardonner néanmoins de ne pas en avoir trouvé un plus adéquat.

aussi, me semble-t-il, qu'elle serait également utile à la psychanalyse elle-même.

• Prendre, beaucoup plus clairement qu'elle ne le fait, la parole sur cette question lui permettrait d'abord d'émerger de l'actuel et consternant « bazar des thérapies », de faire entendre sur la scène publique ce qu'elle est, ce qu'elle représente, d'affirmer sa spécificité. Pourquoi en effet la découverte freudienne nous semble-t-elle susceptible de contribuer à des avancées en matière d'éducation ? Pourquoi les psychanalystes nous paraissent-ils plus à même d'éclairer le problème que ne pourraient l'être leurs confrères, tenants des « thérapies comportementales », « émotionnelles » ou « cognitives » ?

Pour des raisons qui ne tiennent pas à leur génie propre mais à la spécificité de leur pratique.

La psychanalyse, en effet, a comme caractéristique essentielle d'être une reconstitution minutieuse, progressive et lente de l'histoire de chaque patient, chacun sait, d'ailleurs, à quel point on le lui reproche...

La cure analytique est, pour chaque « analysant », l'occasion d'un voyage à l'envers dans le temps. Elle le contraint à retraverser, pour les explorer, toutes les périodes de sa vie ; à « remonter » scène après scène, méthodiquement et besogneusement, le film de son enfance et de son adolescence.

Accompagnateur et guide privilégié de ces voyages au long cours, le psychanalyste est donc, de tous les spécialistes, le seul à posséder un matériel clinique suffisamment précis et détaillé pour expliquer clairement, concrètement, les effets sur les enfants de certaines pratiques parentales. Il est le seul à pouvoir dire pourquoi et comment tel acte de leurs parents peut – même accompli dans la plus parfaite innocence – leur porter préjudice. Le seul à pouvoir rendre compte des conséquences qu'il peut avoir à chaque étape de leur vie.

• Mais un engagement de ce type n'aurait pas seulement pour effet de permettre à la psychanalyse de se distinguer des diverses méthodes qui l'entourent. Une telle prise de parole lui permettrait également de redonner à sa clinique la place qu'elle mérite, de faire entendre sa valeur.

Françoise Dolto, en son temps, s'employa à cette tâche et ce fut l'une de ses forces. L'auteur de *La Cause des enfants* ne se contentait pas en effet d'affirmer des principes. Elle rendait compte de la façon dont les patients qu'elle écoutait lui en avaient fait entendre la nécessité. Elle rapportait leurs paroles, le détail de leurs souffrances. Et ces propos au ras du quotidien s'imposaient à quiconque l'écoutait (ou la lisait) car chacun pouvait y retrouver un écho de sa propre enfance et parfois même découvrir, au détour d'un récit, l'origine d'une difficulté dont il n'avait pu, jusque-là, percevoir les causes. Dès lors, ces exemples aussi simples que vrais soutenaient les dires de la psychanalyste et leur donnaient le caractère d'évidence qui les a rendus incontournables.

Acceptant de témoigner ainsi de leur clinique pour la « cause de l'éducation », les psychanalystes trouveraient également l'occasion de prendre place à part entière dans les débats actuels qui concernent les enfants (bioéthique, adoption par des couples homosexuels, etc.) ; débats dont ils sont, pour la plupart, notablement absents. Et de s'y inscrire non pas comme les « donneurs de leçons » ou les gardiens d'un ordre rigide, passéiste et figé que certains leur reprochent d'être mais comme des praticiens capables de montrer grâce à des exemples concrets que l'on ne peut, sans risques pour eux, engager les « petits d'homme » dans n'importe quelle aventure, aussi séduisante, novatrice et « tendance » soit-elle.

Démarche on ne peut plus nécessaire à une époque où

d'aucuns, y compris dans les rangs de la psychanalyse, avancent de plus en plus souvent, pour justifier n'importe quelle pratique avec les enfants, l'argument selon lequel « il n'y aurait pas de preuve qu'elle soit nocive pour eux. »

Appuyés sur ce qu'ils ont tous les jours à entendre, il deviendrait possible aux psychanalystes de soutenir que cet argument est faux. Car, n'en déplaise aux apprentis sorciers, des preuves en la matière existent bel et bien. Celles qu'apporte précisément la clinique et, au-delà d'elle, la simple écoute des êtres souffrants qui nous entourent. Pour n'en rester qu'à des questions apparemment moins lourdes que celles soulevées lors des débats précédemment cités, on peut évoquer par exemple le nombre d'hommes et de femmes qui, sans avoir jamais fait d'analyse, peuvent cependant raconter combien étaient terribles pour eux, dans leur enfance et leur adolescence, les baisers sur la bouche de leur père ou de leur mère ou leurs entrées intempestives dans la salle de bains où ils faisaient leur toilette. Et cela même alors que les tenants du « tout libéral en matière d'éducation », raillant les « professeurs de pudeur » que sont à leurs yeux les psychanalystes, continuent à considérer qu'il serait normatif et donc idéologiquement contestable d'enseigner aux parents à ne pas le faire.

• Apportant la preuve du caractère fallacieux de l'argument « Rien ne prouve que... » les psychanalystes se trouveraient également à même de montrer en quoi il constitue un considérable retour en arrière. Une véritable régression aux temps où les détracteurs de la psychanalyse lui reprochaient d'appuyer sa théorie sur une instance – l'inconscient – dont il n'y avait pas de preuve qu'elle existât puisque les microscopes ne pouvaient pas la montrer...

La souffrance, celle des enfants et celle de ces anciens

enfants que sont les adultes, n'est effectivement, comme l'inconscient lui-même, repérable par aucun appareil de radiologie. Aucun scanner, aussi perfectionné soit-il, ne peut permettre de la voir ni même de l'entrevoir. Mais elle existe. Profondément inscrite dans la tête et la chair de ceux qui l'éprouvent, souvent leur vie durant. C'est elle qui apporte la preuve du bienfait de certaines pratiques éducatives et de la dangerosité de certaines autres. C'est en son nom que les psychanalystes (dont le métier est de l'écouter) pourraient, et devraient, prendre la parole.

L'enjeu du débat

L'enjeu du débat cependant dépasse largement le champ de la psychanalyse. Car poser qu'il existe une construction psychique de l'enfant, que l'éducation en est le moteur et les parents, les artisans ; avancer qu'ils ont le pouvoir de favoriser son développement ou de le rendre, au contraire, problématique, suppose un certain nombre de préalables.

En premier lieu que l'on accepte de prendre le psychisme au sérieux. C'est-à-dire que l'on consente à lui accorder une autre place que celle que notre société lui concède actuellement, puisqu'elle ne le promeut sur le devant de la scène que pour mieux le ravaler au rang d'un gadget rentable parce qu'aisément médiatisable.

Mais cela impliquerait surtout que l'on s'attaque à deux forteresses essentielles de notre société : le statut social de l'enfant et celui de ses géniteurs.

Déclarer que l'on ne peut faire avec lui n'importe quoi revient en effet à mettre en cause la conception d'un enfant propriété de ses parents. bien auquel chacun aurait droit, que l'on pourrait acquérir (aujourd'hui par diverses méthodes) et dont on pourrait user à sa guise comme on le fait de tous ses autres biens : ma femme, mon chien, ma voiture, mon camping-car, mon fils...

Affirmer qu'il existe une « croissance psychologique » de l'enfant et que, comme celle de son corps, elle obéit à des lois dont ses parents doivent tenir compte, implique de remettre en cause le statut que l'on a coutume d'accorder à ces derniers.

Une telle idée oblige à reconnaître que faire vivre un enfant sans règles éducatives ou accepter qu'il les transgresse revient à lui faire violence ; que le laisser sans l'éduquer est aussi grave, et constitue une faute aussi lourde, que l'affamer ; que lui donner une contre-éducation c'est-à-dire l'exemple d'adultes qui bafouent la loi au gré de leur bon plaisir est aussi dangereux pour lui que l'ingestion de substances toxiques et représente le même type d'urgence.

Il ne s'agit donc pas d'un présupposé théorique comme un autre mais une affirmation lourde de conséquences. La reprendre supposerait en effet que l'on accepte, quant au psychisme de l'enfant, l'idée d'une responsabilité de ses parents équivalente à celle qu'on leur reconnaît pour son corps. Idée qui n'a rien d'anodin puisqu'elle reviendrait à poser l'existence d'un « devoir d'éducation » et à mettre les parents en position d'avoir éventuellement des comptes à rendre sur la façon dont ils le remplissent... Autrement dit à leur retirer l'immunité (au sens diplomatique du terme) qui leur a toujours été, jusque-là, accordée[1].

Notre société est manifestement fort loin de franchir

---

1. Il nous faut préciser, pour (essayer d') éviter toute caricature, qu'il ne s'agit en aucun cas de soumettre le droit de devenir parents à l'obtention d'un « permis de conduire les enfants ». Ni de créer un corps d'« inspecteurs du bien-être enfantin » chargés de vérifier, dans chaque famille, l'état des lieux... Mais de mettre en place une véritable protection de l'enfance.

un tel pas. Et quand elle ne s'appuie pas, pour cacher son refus, sur la théorie de l'amour (« À quoi servent les parents ? À aimer »... exit le problème), elle en appelle aux divers discours psy ou au rejet idéologique des normes. Il est « interdit d'interdire » quoi que ce soit aux parents et, qui plus est, idéologiquement et psychanalytiquement incorrect de le faire. La boucle est bouclée. On ne peut que le déplorer car la pratique auprès des enfants prouve tous les jours que le vide éducatif est pour eux une violence et l'absence d'éducation une maltraitance.

Il faut dénoncer ces carences d'autant plus fortement que des milliers d'entre eux, aujourd'hui, les subissent. Et que, loin d'être considérés comme des victimes de l'absence de boussole éducative de leurs parents, ils sont de plus en plus souvent, nous l'avons dit, désignés comme seuls coupables de comportements qui ne sont que le reflet de l'absence de repères dans laquelle on les a fait vivre.

Le psychanalyste le sachant peut-il se taire ? Je ne le crois pas.

2

L'éducation après et d'après Freud

Si l'idée que les parents jouent, dans la construction de leur enfant, un rôle essentiel est aujourd'hui difficile à faire entendre, elle n'est cependant pas nouvelle. On la trouve déjà chez Freud. Contrairement à ses successeurs qui ne l'abordent souvent qu'avec réticence, le fondateur de la psychanalyse avait su en effet accorder à l'éducation la place qu'elle mérite.

À la vision que la société nous en propose aujourd'hui, vision restrictive et déformée qui brouille tous les repères, on peut opposer celle, éclairante, qu'il en donne et que reprendra plus tard, pour la développer à sa manière, Françoise Dolto.

Pour Freud, l'éducation n'est pas un « en plus », appliqué à un enfant déjà construit et destiné à l'adapter à la vie sociale. Non seulement elle fait partie de sa construction psychique mais on peut même dire qu'elle en est le moteur essentiel. Pour Freud, c'est l'éducation qui construit l'enfant.

Dans un texte très important[1], il explique en effet

---

1. « Formulations sur les deux principes du cours des événements psychiques » (première édition en 1911), *in Résultats, Idées, Problèmes*, Paris, PUF, 2002, p. 135.

comment se met en place le psychisme humain, posant d'abord que deux principes antagonistes le régissent. Deux principes qu'il nomme respectivement « principe de plaisir » et « principe de réalité ».

Le principe de plaisir

Le principe de plaisir est, dit-il, une tendance de l'appareil psychique à centrer toute son activité sur un seul but : la recherche du plaisir et l'évitement du déplaisir. Ce principe de plaisir est repérable chez l'adulte. La capacité que nous avons tous de produire des rêves qui nous apportent la nuit des satisfactions que la vie réelle nous refuse. L'énergie que nous déployons le jour pour nous arracher à toutes les impressions qui pourraient nous être pénibles relèvent de son pouvoir et montrent la force de son emprise.

Au début de la vie, le principe de plaisir règne en maître. Il est seul présent chez le nourrisson dont, pour illustrer sa théorie, Freud imagine les premiers moments sur le modèle du sommeil. On peut penser, dit-il, que les premiers temps de l'existence d'un petit humain ressemblent à ce que, plus tard, il retrouvera en dormant : une coupure totale d'avec la réalité extérieure, un déni de cette réalité et un repli exclusif sur lui-même pour un tête-à-tête chimérique avec des songes.

Cet état de repos dans lequel se trouve le bébé ne peut cependant pas durer. Très vite, des besoins impérieux venus de son corps (la faim, par exemple) viennent le troubler. Comment le nourrisson réagit-il ? Que peut-il faire, lui, que le principe de plaisir oblige à éviter le déplaisir, face à cette faim qui le fait souffrir ?

Se procurer un objet qui comblerait son besoin ? Il ne le peut évidemment pas puisqu'il est dans l'impuissance physique. Alors, quoi ? Eh bien, nous dit Freud, le bébé se sert dans un premier temps du seul moyen qui soit à sa portée. Il utilise un moyen psychique : il tente d'halluciner un apaisement, une satisfaction. Il hallucine quelque chose (nous ne savons pas quoi) qui apporterait à son corps ce qu'il réclame.

Si cette hallucination suffisait à calmer le besoin qui bouleverse son corps, si elle le comblait, l'enfant en resterait sans doute là. Il continuerait de vivre, d'hallucination en hallucination et le principe de plaisir resterait seul maître de son psychisme.

Hélas (ou heureusement), les objets hallucinés ne remplissant guère l'estomac, et, hallucination ou pas, la faim continuant à lui tordre le ventre, le bébé est dans l'obligation de trouver une autre solution. Mû par la nécessité et obligé de constater qu'avec ses seules forces il ne peut rien, il est contraint de se tourner vers la réalité extérieure, de la prendre en compte et de faire en sorte d'agir sur elle pour qu'elle réponde à ses besoins. Il se met donc à chercher (et à trouver) des moyens qui permettent à ce sein ou ce biberon si convoité d'arriver jusqu'à lui. Il fait en sorte qu'on le lui donne.

Le principe de réalité

Un deuxième principe s'introduit ainsi dans le psychisme. Freud le nomme « principe de réalité » et montre qu'il provoque un véritable bouleversement dans la vie et l'être du bébé. Son psychisme qui ne s'occupait jusque-là que de ce qui pouvait être agréable doit y renoncer et rechercher désormais, dit-il, « ce qui est réel même si cela doit être désagréable », car cela seul est utile. Nécessité fait loi. Se démener comme un beau diable pour faire savoir que l'on a faim est certes plus fatigant que d'halluciner une nourriture, mais c'est aussi plus sûr.

En une phrase magistrale, Freud résume le processus qui signe le passage du principe de plaisir à celui de réalité : « C'est seulement le défaut persistant de la satisfaction attendue, la déception qui a entraîné l'abandon de cette tentative de satisfaction par le moyen de l'hallucination. À sa place, l'appareil psychique dut se résoudre à se représenter l'état réel du monde extérieur et à rechercher une modification réelle[1]. »

Les conséquences du passage

Ce changement d'orientation de son psychisme, ce renoncement à l'agréable au profit de l'efficace sont essentiels pour le bébé. L'obligeant à une série d'adaptations, ils deviennent en effet peu à peu la colonne vertébrale de son développement physique et psychique dont Freud recense les étapes.

La nécessité d'en passer par l'extérieur pour satisfaire ses besoins oblige le nourrisson à prendre en compte cet extérieur et à utiliser les instruments qui peuvent lui permettre de l'atteindre. Il développe donc les organes des sens qu'il possède. À partir de l'introduction du « principe de réalité » sa vue, son ouïe, son odorat prennent vie.

Ce faisant, il se trouve également contraint de développer la conscience attachée à ces organes. Il lui faut non seulement voir, entendre et sentir mais prendre conscience de ce qu'il voit, entend et sent. Il s'ouvre

---

1. *Ibidem*, p. 136.

donc progressivement au monde extérieur et se montre de plus en plus conscient de cette ouverture.

Cette conscience s'accompagne d'une capacité accrue de discrimination. Dans un souci d'efficacité, l'enfant doit en effet apprendre à différencier les choses non plus seulement en fonction du plaisir qu'elles peuvent lui procurer, mais en tenant compte de leurs qualités sensorielles.

De cette façon et toujours sous la pression de la nécessité une capacité d'attention commence à naître en lui. Il développe, écrit Freud, une faculté de prélever dans le monde extérieur des données dont il pourra se servir au moment où des besoins impérieux surgiront en lui.

Ces éléments nouveaux modifient en profondeur le rapport qu'a le bébé à lui-même et au monde car de passive (il ne faisait jusque-là qu'attendre les impressions qui lui venaient de ses sens) sa position devient active. Il « descend, symboliquement, de son piédestal » pour aller à leur rencontre. Et il commence même à stocker le résultat de ces différentes activités de conscience, mettant ainsi en place un début de mémoire.

Cette mémoire, à son tour, lui permet d'accéder à une capacité de jugement. Tant qu'il était sous la seule emprise du principe de plaisir l'enfant ne pouvait que refouler (chasser de sa conscience) tout ce qui provoquait du déplaisir. Son pouvoir se limitait à ne pas subir. À partir de l'introduction du principe de réalité, comme il s'agit pour lui d'être efficace, il se trouve confronté à la nécessité de juger, d'apprécier si une impression est vraie ou fausse. Comment peut-il y parvenir ? En la comparant avec les données qu'il a rassemblées dans sa mémoire : « Le bruit que je viens d'entendre est-il bien celui de la porte de la cuisine qui annonce le retour de maman avec le biberon ? »

Enfin, nanti de ces capacités nouvelles, l'enfant devient progressivement apte à passer à l'action. Soumis au seul principe de plaisir, il n'avait autrefois, quand survenait le besoin, d'autre remède que l'agitation, les cris et, nous l'avons vu, l'hallucination d'un objet qui apaiserait ses tensions. À cette étape, sa motricité ne pouvait lui servir qu'à débarrasser (ou du moins à essayer de débarrasser) son appareil psychique des tensions pénibles créées par un surcroît d'excitation ; à la façon dont on peut se secouer pour chasser une impression pénible.

Une fois le principe de réalité mis en place, une nouvelle voie s'ouvre pour sa motricité : le bébé peut l'utiliser pour modifier la réalité. D'agitée et désordonnée qu'elle était, elle devient donc décidée, orientée et pourvue d'un but : elle devient action.

La naissance d'une pensée

Et c'est, écrit Freud, à partir de ce passage possible à l'action que la faculté de penser peut naître chez le petit humain. L'hallucination, en effet, irréelle et magique, n'obligeait pas l'enfant à attendre. Elle était insatisfaisante mais immédiate ; aussitôt qu'apparaissait le besoin, l'enfant pouvait halluciner, se donner l'impression d'une satisfaction aussi instantanée qu'illusoire. L'action, elle, parce qu'elle suppose des moyens à mettre en œuvre, (tendre la main vers un objet, crier pour que l'autre apparaisse...) impose de différer quelque peu la satisfaction : elle implique un délai.

C'est précisément ce délai qui permet que l'activité de pensée apparaisse : il constitue un espace dans lequel elle peut naître. Et le bénéfice pour l'enfant est considérable car cette capacité de penser lui rend, en retour, le délai supportable. En effet, tant qu'elle n'était pas pour le nourrisson « pensable », l'accroissement de la tension (la faim de plus en plus tenace, par exemple) était intolérable pour lui. À partir du moment où il peut la penser, elle devient supportable. Il n'est plus, pieds et poings liés, soumis sans recours à la réalité écrasante et terrifiante que représente pour lui l'attente de la nourriture (puisque rien ne l'assure que l'autre dont son impuissance le rend dépendant va la lui apporter). Il devient capable de calmer la souffrance de plus en plus forte et angoissante qu'il ressent. Il est, certes, encore obligé de subir physiquement la situation (il a faim) mais il peut, psychiquement, la prendre en main et la rendre, de ce fait, cernable et négociable. Cette pensée qui aide l'enfant à supporter l'attente est d'abord inconsciente puis, progressivement, elle parvient à la conscience.

Arrivé là, grâce à un cheminement dont Freud souligne qu'il n'est jamais linéaire, le nourrisson se trouve donc éveillé au monde, nanti d'une capacité de penser, d'un début de mémoire et d'une motricité agissante.

Sa construction psychique s'arrête-t-elle là ? Non car le principe de réalité, moteur de l'évolution du psychisme, ne progresse pas sans rencontrer chez ce dernier une résistance. Pourquoi ? Parce que, écrit Freud, il existe chez tout être humain une tendance à « se cramponner avec ténacité » aux sources de plaisir qu'il connaît déjà. En matière de plaisir, l'humain lâche rarement la proie pour l'ombre.

Du fait de cette résistance majeure au changement, manifestée par le psychisme[1], une partie de la pensée va échapper au principe de réalité. Elle va rester livrée au principe de plaisir et se maintenir sous sa domination.

---

1. Idée que reprendra, nous le verrons, Françoise Dolto pour en faire l'un des axes de sa théorie du développement de l'enfant, dans « l'image inconsciente du corps ».

Cette partie de la pensée sera à la source de la création de fantasmes, ces pensées qui concernent non pas la réalité telle qu'elle est mais une réalité imaginée que chaque humain peut construire au gré de ses désirs afin qu'elle lui apporte en imagination les plaisirs qu'il souhaite.

Devenu capable de penser la réalité « réelle », le bébé va donc se révéler également apte à imaginer une autre réalité, à la fantasmer.

Cette création de fantasmes commence, dit Freud, pour les enfants avec le jeu. Elle implique, à cette étape, le recours à des objets réels : les jouets qui permettent d'inventer des mondes, de rêver. Plus tard, elle se déploie en rêveries diurnes qui ne nécessitent plus le support d'aucun objet.

Pour illustrer la façon dont, par le biais des fantasmes, le principe de plaisir garde une enclave dans le territoire du principe de réalité, Freud propose une image. Celle d'un pays qui, obligé de bouleverser ses paysages pour exploiter les ressources de son sous-sol, en sauvegarderait néanmoins une partie en créant une sorte de réserve, de parc national.

Sur la route de sa conquête, le principe de réalité rencontre également un autre obstacle : celui des pulsions sexuelles. Dans les domaines autres que la sexualité c'est, nous l'avons vu, la nécessité qui a poussé l'enfant dans les bras de la réalité. Elle seule pouvait lui permettre de calmer les tensions nées du besoin qui agitaient son corps. Elle seule pouvait lui procurer, *in fine*, le plaisir de l'apaisement. Pour calmer la faim un biberon fantasmé ne pouvait suffire. Il fallait un biberon réel.

Ce même recours à la réalité s'impose-t-il dans le cas de la sexualité ? À l'évidence, non. Pourquoi ? Parce que l'auto-érotisme, première phase de la sexualité infantile, se satisfait fort bien de l'hallucination. Lorsque, sa faim apaisée, l'enfant continue à suçoter, c'est-à-dire à faire se reproduire, grâce au mouvement de ses lèvres l'une sur l'autre, le plaisir qu'il a éprouvé précédemment lorsque le lait chaud les caressait, il n'a nul besoin d'un sein ou d'un biberon réel. L'hallucination lui suffit. La réalité ne lui deviendra nécessaire que plus tard, vers quatre ou cinq ans, quand ses « pulsions partielles » commenceront à s'organiser et à converger vers un « objet d'amour » (la personne qui s'occupe de lui par exemple). Mais cette nécessité sera de courte durée car cette phase de la sexualité infantile est, on le sait, immédiatement suivie de ce que Freud appelle la « période de latence ». Période pendant laquelle les pulsions sexuelles entrent en sommeil pour ne se réveiller qu'à la puberté. L'épreuve de réalité est donc minime pour les pulsions sexuelles qui restent de ce fait beaucoup plus longtemps que les autres sous la domination du principe de plaisir ; jusqu'à même, dans certains cas, ne jamais lui échapper. L'homme ou la femme, par exemple, qui, à l'âge adulte, préfèrent la masturbation à la relation sexuelle avec un partenaire réel témoignent de leur attachement à une satisfaction de type hallucinatoire (ils fantasment ce qu'ils veulent) plus satisfaisante pour eux que la réalité.

Sans aller jusqu'à ces extrêmes, il est clair que le retard de la pulsion sexuelle quant à l'acceptation du principe de réalité explique que, chez tous les humains, la sexualité soit le royaume des fantasmes beaucoup plus que celui de la réalité.

Pour Freud, ce retard revêt une importance considérable car c'est en lui, nous dit-il, que réside l'essentiel de l'origine des névroses. En effet, l'attachement des pulsions sexuelles au principe de plaisir constitue pour ce dernier une place forte. Appuyé sur les pulsions sexuelles, il peut se déployer à loisir, c'est-à-dire chasser du psychisme toutes les pensées qui pourraient provoquer du déplaisir ; et rien ne l'empêche d'essayer d'étendre son empire en conquérant de nouveaux territoires. De quelle façon ? En ramenant sous sa domination des processus de pensée qui étaient déjà devenus rationnels.

Le retard des pulsions sexuelles ouvre donc au psychisme des possibilités permanentes de régression en permettant à tout moment aux humains de quitter le terrain de la réalité pour celui du fantasme. Il fait ainsi le lit de toutes les névroses, justifiant que Freud qualifie le phénomène de « point faible de notre organisation psychique ».

Le rôle de l'éducation

À ce point de la démonstration, Freud ajoute à sa thèse deux éléments particulièrement importants. Il pose d'abord que le passage du principe de plaisir au principe de réalité ne signifie nullement une suppression du principe de plaisir. Celui-ci n'est, dit-il, aucunement supprimé, il est seulement assuré différemment et il l'explique : « On abandonne un plaisir immédiat aux conséquences peu sûres, mais ce n'est que pour gagner, sur cette nouvelle voie, un plaisir plus tardif, assuré. » Le psychisme en passant au principe de réalité ne renonce donc pas au plaisir. Il accepte seulement de le différer et pour une seule raison : parce que ce plaisir différé est plus sûr que le plaisir immédiat précédemment visé. Un biberon réel étant plus susceptible d'apporter du plaisir qu'un biberon halluciné, mieux vaut l'attendre.

Cette précision donnée par Freud mérite d'être soulignée car elle met définitivement à mal toute idée d'une éducation-répression qui amputerait l'enfant de ses capacités de plaisir. Elle sera d'ailleurs reprise par Françoise Dolto et constituera, nous le verrons, l'un des pivots de sa conception de l'éducation.

Lorsque Françoise Dolto demande aux parents de poser aux enfants des interdits, ce n'est nullement pour supprimer leur plaisir. L'opération ne vise qu'à permettre à ces derniers de renoncer à des plaisirs destructeurs pour accéder à d'autres qui ne sont pas moins agréables mais seulement capables de les aider à progresser dans la voie de l'« humanisation ».

Le second élément apporté par Freud concerne le rôle que joue l'éducation dans le passage du principe de plaisir à celui de « réalité ». Il pose que l'éducation « peut être décrite sans plus considérer comme une incitation à surmonter le principe de plaisir et à lui substituer le principe de réalité ». Elle vient, dit-il, en aide au processus de développement interne de l'enfant car elle contraint ce dernier à tenir compte de la réalité et à ne pas avoir pour seul guide son plaisir immédiat. Contrainte d'autant plus nécessaire que, nous l'avons vu, le principe de plaisir essaie en permanence de reconquérir les territoires qu'il a perdus.

Comment opère l'éducation ? En se servant des « primes d'amour » dispensées par les éducateurs.

Cette indication mérite elle aussi d'être relevée car elle montre à l'évidence que Freud ne conçoit en aucune manière l'éducation comme un carcan répressif ou une entreprise de dressage. Au contraire. Il pose clairement qu'elle ne peut être faite sans amour mais prend soin aussitôt de préciser qu'il ne s'agit pas de n'importe quelle sorte d'amour. L'éducation échoue, écrit-il, « quand l'enfant gâté croit qu'il possède cet amour de toute façon et qu'il ne peut le perdre en aucune circonstance ». Autrement dit, l'amour dont l'éducation a besoin n'est pas celui qui s'adresserait à un « enfant roi » qui aurait tous les droits et vivrait dans la certitude de pouvoir, quoi qu'il fasse, bénéficier des sentiments positifs de son entourage. L'enfant dont il s'agit a besoin pour mener sa lutte contre la domination du principe de plaisir d'être soutenu par l'amour et l'estime qu'il reçoit de ses éducateurs mais il doit aussi savoir qu'il peut les perdre. Le « bon » éducateur ou le « bon » parent n'est donc pas celui qui approuve l'enfant quoi qu'il fasse sous prétexte qu'il l'aime. Il est celui qui le promeut en le reconnaissant comme un être humain valable quand il accepte de faire les efforts que tous les humains ont à faire pour se construire.

Dès 1911, donc, Freud, en même temps qu'il pose le rôle de l'éducation dans la construction psychique de l'enfant et celui, essentiel, des parents, indique à quel point, dans ce domaine, la notion d'amour demande à être pensée et repensée.

3

Françoise Dolto
ou comment le bébé naît au monde

Cette importance de l'éducation, avancée par Freud, sera reprise, bien des années plus tard, par Françoise Dolto. Dans le livre qui est sans doute le plus important de son œuvre, *L'Image inconsciente du corps*[1], elle explique l'évolution de l'enfant depuis sa conception jusqu'à l'âge adulte et montre la façon dont cet enfant avance et franchit, l'une après l'autre, les étapes de son développement.

Sa théorie s'appuie sur les postulats freudiens. Mais alors que le maître de Vienne, la psychanalyse des enfants ne faisant à son époque que balbutier, n'avait à sa disposition pour l'essentiel que les dires des adultes concernant leur enfance, l'auteur de *La Cause des enfants* bénéficie, elle, outre sa propre pratique, des acquis du travail de plusieurs générations d'analystes d'enfants.

Forte de ces acquis et d'une capacité d'écoute aussi exceptionnelle qu'originale, elle va pouvoir développer la théorie freudienne, l'illustrer et de surcroît la rendre particulièrement vivante puisqu'elle peut la faire s'incarner en la conjuguant au présent de l'enfance.

---

1. Françoise Dolto, *L'Image inconsciente du corps*, Paris, Le Seuil, 1984.

Freud ne pouvait que décrire, comme de loin, une enfance supposée, Françoise Dolto, elle, peut montrer une enfance réelle et cette possibilité nouvelle lui permet des avancées théoriques essentielles.

L'étudiant « à hauteur d'enfance », elle peut en effet mettre en lumière, de façon magistrale, deux dimensions essentielles du développement psychique de l'enfant :

• la façon dont le corps intervient dans ce développement. C'est-à-dire la façon dont il se noue au psychisme ; la façon dont le psychisme se construit à partir de lui ;

• le rôle très précis que jouent dans cette construction, dans cette édification de l'être de leur enfant, les parents.

Le franchissement des étapes

Tout comme Freud, Françoise Dolto s'attache d'abord à montrer que le franchissement par l'enfant des stades de son développement n'a rien de naturel et ne se fait aucunement de façon automatique. Pourquoi ? Parce que le corps du « petit d'homme » ne fonctionne pas comme celui de l'animal. Ce dernier en effet n'est, pour reprendre une expression qu'elle affectionnait, qu'un « corps de viande ». Et sa croissance s'organise selon une programmation immuable, régie par l'instinct et identique pour tous les individus de la même espèce. Alors que celui du petit humain est d'emblée lié au psychisme. Les deux instances, corps et psychisme, sont, chez l'être humain, indissociables. Elles se construisent non seulement parallèlement l'une à l'autre mais dans une intrication serrée l'une avec l'autre.

L'expérience du travail avec les bébés et les enfants très jeunes le prouve d'ailleurs tous les jours.

Tout psychanalyste qui travaille avec ce type d'enfants sait en effet très bien qu'ils peuvent, sans souffrir d'aucune atteinte organique, ne pas réussir à avancer. Ils peuvent par exemple se trouver dans l'impossibilité de passer du sein (ou du biberon) à l'alimentation solide. Ils peuvent échouer à tenir leur tête, à s'asseoir, à marcher, etc.

Pourquoi le passage d'une étape à une autre est-il aussi problématique pour l'enfant ? Pour une raison très simple. Parce que le trajet qu'il doit accomplir pour devenir grand est comparable à la montée d'un long escalier. Pour progresser, pour accéder à la marche supérieure, l'enfant doit chaque fois accepter de quitter celle qu'il avait atteinte. C'est la condition *sine qua non* pour parvenir au sommet.

Or cet abandon d'une marche pour une autre lui est toujours difficile (quiconque a vu un jeune enfant monter un escalier peut en attester), car il l'oblige à renoncer à la sécurité (même relative) qu'il y avait acquise, et à affronter l'inconnu. Il doit quitter la stabilité rassurante de ses deux pieds posés sur la marche qu'il vient d'atteindre et, déséquilibré, chancelant, lever l'un d'eux pour le hisser vers la marche supérieure...

Cette peur, présente pour l'enfant dans les escaliers réels, l'est également quand il s'agit pour lui d'accéder aux différents « étages » de la vie. Elle est un frein à son développement. Mais elle n'est pas seule en cause.

Avancer, écrit Françoise Dolto, est difficile pour l'enfant et peut même devenir impossible pour lui parce que le mouvement perpétuel de la vie auquel il doit se soumettre l'oblige chaque fois à renoncer à ce qu'il connaissait déjà. Plus précisément aux plaisirs qu'il connaissait jusqu'ici.

Qu'entend-elle par là ?

Quels sont ces plaisirs si importants qu'ils seraient capables de retenir l'enfant, d'entraver sa progression ?

Pour le comprendre, il nous faut revenir à ce que Freud a découvert à propos de la sexualité infantile.

Cette sexualité (qui n'a rien à voir, rappelons-le, avec la sexualité adulte, celle que l'on nomme « génitale » parce qu'elle implique un primat des organes génitaux) se construit, dit-il, en « s'étayant sur le besoin ». C'est-à-dire qu'elle s'élabore pour l'enfant à partir de la satisfaction de ses besoins.

Elle se constitue en prenant appui sur les sensations provoquées dans son corps par les soins que lui apporte chaque jour sa mère (ou un substitut maternel) : nourrissage, toilette, change, etc.

La tétée, par exemple, est pour tout bébé, nous dit Freud, l'occasion de découvrir des sensations voluptueuses qu'il n'avait jamais ressenties jusque-là.

Ces sensations sont liées au passage du lait chaud sur ses lèvres et, une fois qu'il en a fait l'expérience, elles vont représenter pour lui une sorte de « en plus » par rapport au plaisir que lui apportait déjà la simple satisfaction de son besoin, l'agrément qu'il pouvait avoir à se sentir le ventre plein, par exemple.

À partir de cette découverte, l'enfant éprouve donc, au moment du nourrissage, deux sortes de sensations agréables. D'une part, des sensations liées à l'apaisement de sa faim (le ventre plein), celles-ci sont uniquement liées au besoin. Et, d'autre part, les sensations voluptueuses au niveau de sa bouche, dont nous venons de parler, lesquelles sont également liées au besoin (puisque c'est lors de la satisfaction de ce besoin qu'il les a découvertes) mais qui vont rapidement s'en détacher. Pourquoi ? Parce que ces sensations, l'enfant découvre très vite, nous l'avons vu, qu'il peut les faire se reproduire par le biais du « suçotement[1] », indépendamment du besoin, c'est-à-dire en dehors des moments où sa mère le nourrit.

Il découvre donc qu'il peut se procurer à lui-même, en l'absence de sa mère, du sein ou du biberon, un plaisir à l'endroit de sa bouche. Un plaisir que l'on peut dire « sexuel » au sens de la sexualité infantile.

Cependant, malgré cette possibilité nouvelle d'autosatisfaction qui lui est donnée, les tétées restent quand même pour lui le moment où il retrouve, de façon privilégiée, ces sensations. Elles lui procurent en effet, là, une jouissance plus grande que lorsqu'il est seul parce qu'elles se conjuguent alors au plaisir que lui apportent l'apaisement de sa faim et surtout la présence de sa mère ; la tendresse de cette relation que Françoise Dolto nomme « de cœur à cœur ».

Très attaché à ces tétées, l'enfant n'a donc aucune envie d'y renoncer. Les tentatives faites par sa mère pour introduire un nouveau mode d'alimentation sont pour lui synonyme de souffrance et il n'a pas d'autre choix que de les refuser.

Il refuse de quitter les plaisirs qu'il connaît. Il refuse de « lâcher la proie pour l'ombre ». Qui ne le comprendrait ?

Les « castrations »

Pourquoi cet enfant « accro » (comme on le dirait aujourd'hui) à son plaisir réussit-il néanmoins à l'abandonner ? Pourquoi finit-il par accepter la cuillère ?

Il y parvient grâce à sa mère qui, sachant qu'il doit progresser et ne peut indéfiniment téter, lui explique

---

1. Voir p. 191.

avec amour mais fermeté que ce n'est plus possible. Elle pose un interdit. Elle lui dit par exemple : « Ça suffit, tu es trop grand. Tu ne peux plus téter. » Elle l'oblige à avancer. Cet interdit posé par la mère, Françoise Dolto l'appelle une castration et elle la définit ainsi :

« La "castration" c'est l'interdit radical opposé à la satisfaction recherchée et auparavant connue[1]. »

En donnant cette « castration », la mère place sur le chemin de l'enfant une sorte de sens interdit. Elle défend à sa libido de prendre pour se satisfaire le chemin qu'elle empruntait jusque-là. Elle la contraint à trouver d'autres voies.

Le caractère indispensable de la castration

Cette castration dont elle dit qu'elle doit exister à tous les stades de son développement, Françoise Dolto pose qu'elle est indispensable à l'enfant. Tellement indispensable, précise-t-elle, qu'aucun parent ne peut prétendre éduquer son enfant s'il ne lui délivre pas ces castrations.

Celui-ci en effet prisonnier, nous venons de le voir, des plaisirs qu'il découvre à chaque étape n'est pas en mesure d'avancer seul (ou du moins, d'avancer assez rapidement pour que son développement soit harmonieux).

Il ne peut y parvenir que s'il y est poussé. Et il ne peut l'être que par deux choses. Par le désir qu'il sent, chez ses parents, de le voir grandir. Et il faut préciser que c'est toujours le désir inconscient de l'adulte que l'enfant perçoit. (Ce qui n'est pas sans compliquer les choses car un parent peut vouloir, consciemment, que son enfant grandisse et avoir néanmoins en lui, pour

---

1. *Ibid.*, p. 71.

diverses raisons, une peur inconsciente de cette évolution) et par la façon dont ils lui manifestent ce désir. C'est-à-dire par leur capacité de lui donner ces fameuses castrations qui sont la seule preuve réelle, tangible, qu'il puisse avoir de leur désir de le voir avancer.

Les discours tenus à l'enfant sur la nécessité qu'il grandisse ne peuvent à eux seuls suffire à le faire progresser. S'ils ne sont suivis d'aucun acte parental, ils demeurent vains. Un parent qui dit à son enfant de cinq ans qu'il aimerait le voir devenir grand mais le laisse prendre des biberons ne peut être à ses yeux crédible.

Malheureusement, on le sait, à ce niveau le bât blesse souvent car beaucoup de parents s'imaginent à tort que tout doit venir de l'enfant ; que celui-ci peut et doit trouver spontanément et seul l'envie d'avancer ; qu'il suffit donc d'attendre que celle-ci survienne. Forts de cette conviction, ils ne s'autorisent pas à intervenir. Persuadés, de plus, que s'ils le faisaient, ils ne pourraient que lui faire violence et porter atteinte à son désir.

On retrouve donc fréquemment dans les consultations des enfants qui ont accumulé des retards divers (psychomoteurs, scolaires, etc.) simplement parce que, faute d'être dirigés (dans les deux sens du mot : c'est-à-dire à la fois soumis à une autorité et pourvus d'une direction clairement indiquée), ils conduisent leur vie « en gardant un pied sur le frein ». Ils s'enlisent dans des plaisirs régressifs et se maintiennent, à l'âge de la « grande école », en position de « bébés ». Ils veulent qu'on les fasse manger, geignent pour qu'on les porte dès qu'ils sont fatigués, pleurnichent pour un rien et font au moindre refus des colères effroyables.

Le cas de ces enfants est toujours très intéressant car ils ne souffrent en général de rien d'autre que d'un problème d'éducation. En effet, dès que leurs parents, aidés par le psychanalyste, réussissent à reprendre leur place et à poser des limites, ils changent.

Après une période plus ou moins longue de refus de ces limites, d'opposition et de souffrance, ils finissent, comprenant que leurs parents ne céderont pas, par les accepter. On les voit alors en général démarrer de façon spectaculaire et surtout, ce qui est très important, manifester à quel point ce changement les rend heureux.

À la stupéfaction de leur entourage, ils deviennent progressivement épanouis et joyeux. Et il n'est pas rare qu'ils prennent alors l'habitude d'annoncer à chaque séance à l'analyste avec une évidente fierté leurs progrès.

« Maintenant, tu sais, je mange tout seul, je m'endors sans la lumière ! »

Ils démontrent ainsi clairement que les craintes de leurs géniteurs n'étaient pas fondées ; qu'une fois acceptées, les limites ne sont pas ressenties par eux comme une violence mais au contraire comme un apport positif et une véritable source de joie.

Comment expliquer ce fait qui ne manquera sans doute pas d'étonner les parents qui, de par leur propre histoire, restent persuadés qu'elles ne peuvent être que douloureuses pour un enfant ?

En premier lieu en rappelant qu'un enfant a toujours une attitude ambivalente par rapport aux limites. Il les refuse parce qu'elles contrarient sa recherche d'un plaisir dont il souhaiterait précisément qu'il soit sans limites. Et, en même temps, inconsciemment, il les recherche et les attend parce qu'il sent confusément que l'absence de ces limites empêche la vie d'avancer en lui et qu'ainsi il n'arrive pas à être heureux. Les enfants « en retard » en effet ne sont jamais des enfants gais et épanouis. Ils ne le deviennent que lorsqu'ils ont pu dépasser leur retard.

Mais on peut l'expliquer aussi en comprenant que le refus des limites manifesté par l'enfant repose souvent sur un malentendu. Quand il constate que ses parents ne l'obligent pas à avancer, l'enfant n'imagine jamais que leur réserve puisse être due à une peur de le brusquer et de le faire souffrir.

La façon dont il interprète la situation est tout autre. Il pense en général que ses parents ne disent rien parce qu'ils sont contents de le voir se conduire de la sorte (pleurnicher, faire le bébé, etc.).

Fort de cette certitude il persiste donc dans ses symptômes. Un peu parce qu'il y trouve une satisfaction ; beaucoup parce qu'il est dans l'incapacité d'y mettre un terme seul et surtout parce qu'il pense, paradoxalement, qu'ils satisfont ses géniteurs. « Qui ne dit mot consent. »

En quoi consiste la castration ?

Que l'enfant ressente la castration comme positive n'a par ailleurs rien d'étonnant si l'on comprend précisément en quoi elle consiste, ce qu'elle est et, surtout, ce qu'elle n'est pas.

Il faut en effet d'abord poser que, contrairement à ce que d'aucuns pourraient imaginer, la castration n'a pas pour but de porter atteinte au désir de l'enfant. Lors du sevrage, par exemple, la mère ne condamne pas le désir de téter de son bébé. Elle ne lui dit pas (ou, en tout cas, ne devrait pas lui dire) : « Ce n'est pas bien d'avoir encore, à ton âge, envie de téter. » Elle lui dit en substance : « Il est normal que tu aies envie de continuer à téter, parce que la tétée est, à l'heure actuelle, la seule chose que tu connaisses. Mais tu vas voir, en mangeant avec une cuillère, tu vas pouvoir découvrir d'autres nourritures, différentes et très bonnes. Et puis tu ne seras plus obligé d'être collé à moi comme lorsque tu tétais.

Lorsque tu mangeras comme un grand, nos corps seront séparés mais cela nous permettra, pendant les repas, de discuter, de regarder des choses ensemble, etc. »

La castration n'est pas destinée non plus à interdire le plaisir à l'enfant.

L'idée de castration n'est pas fondée sur une apologie du renoncement. Il ne s'agit en aucun cas de demander à l'enfant de renoncer pour renoncer, au nom d'une sacra-lisation de la frustration que l'on élèverait au rang de vertu. À la façon de ces éducations quasi militaires – « Pour avancer dans la vie, il faut en baver, mon petit ! » – dont, à cinquante ans de distance, ceux qui les ont connues subissent encore les effets destructeurs.

Dans la perspective doltoienne (comme d'ailleurs dans la perspective freudienne), la mère ne demande pas à l'enfant d'abandonner sans contrepartie les plaisirs auxquels il s'adonnait. Elle ne l'exige de lui que pour lui permettre d'en découvrir d'autres, plus adaptés à son âge et surtout plus riches de découvertes à faire. « Si tu cesses de marcher à quatre pattes et si tu te mets debout, tu pourras regarder autour de toi, découvrir ce qui t'en-toure et toucher avec tes mains les choses qui t'intéres-sent. »

Il n'est donc, en la matière, nullement question d'une ascèse mais bien plutôt d'une sorte de « pédagogie du plaisir ». À condition de préciser que le plaisir dont il s'agit n'est pas celui, répétitif et mortifère (parce qu'il bloque la vie) dans lequel l'enfant à qui l'on ne propose pas de passer à autre chose n'a d'autre solution que de se complaire – sans bonheur – mais un plaisir porteur de vie.

En délivrant à leur enfant les castrations, en l'obligeant à fermer la porte à ses plaisirs passés pour découvrir, les uns après les autres, les plaisirs nouveaux auxquels son âge lui donne désormais la possibilité d'accéder, ses parents lui permettent de faire coïncider plaisir et développement. De mettre sa recherche de plaisir non plus au service d'une stagnation stérile et stérilisante mais au service de la vie. D'en faire l'un des moteurs de son évolution.

Les fruits de la castration

Mais l'échange d'un plaisir pour un autre n'est pas le seul bénéfice que l'enfant tire de la castration. Il en recueille aussi ce que Françoise Dolto nomme les « fruits ». Image qu'elle ne choisit sans doute pas au hasard...

La perte, nécessitée par la castration, que l'enfant doit supporter à chaque étape n'a pas en effet le statut d'une simple privation. Elle n'est en rien la transposition, sur le plan psychique, de ce que serait au niveau du corps une amputation. Elle ne crée pas un vide irrémédiable et sans retour. Elle est, tout au contraire, conçue sur le modèle de ce que la nature impose aux végétaux qu'elle fait croître. Elle est comparable au processus qui fait par exemple de la disparition de la fleur qui l'a fait naître la condition nécessaire à l'apparition du fruit.

La castration, telle que la théorise, dans le droit-fil de l'apport freudien, Françoise Dolto, met en scène les morts nécessaires à la naissance d'autres vies.

Ce que l'enfant est obligé d'abandonner en effet n'est pas perdu pour lui au sens où ses parents l'imaginent et, bien souvent, le redoutent. À l'issue de la castration, il ne se retrouve pas seul, mutilé et désespéré face au vide. Pourquoi ? Parce qu'il peut, écrit Françoise Dolto, grâce précisément au soutien et aux paroles de ses parents, symboliser ce à quoi il renonce. Le « symboliser », c'est-à-dire lui faire subir une transmutation, le transformer en capacités nouvelles qui vont être pour lui autant de possibilités d'avancer, d'ouvertures vers des progrès possibles.

La bouche, par exemple, laissée vide par la tétine ou le téton et désertée par le plaisir de la succion ne reste pas indéfiniment telle. Passé le temps de la souffrance inévitable induite par ce manque et le cap une fois franchi, elle se remplit à nouveau. Non plus comme auparavant de lait et de tétine mais d'abord de phonèmes puis plus tard de mots. Le renoncement au plaisir de la tétée est douloureux pour l'enfant mais il est la condition nécessaire à l'apparition chez lui de la parole. Nul ne peut réussir à parler s'il persiste à garder la bouche pleine... Formule qui n'est pas une simple boutade car elle résume assez bien les causes d'un certain nombre de retards de parole chez des enfants petits. Insuffisamment stimulés, maintenus trop longtemps à l'état de bébés, ils se trouvent dans l'incapacité de parler comme des grands, de passer à l'étape ultérieure. Pour leur plus grand malheur. Car la survenue de la parole ne se réduit pas pour un enfant à l'acquisition d'une capacité supplémentaire. Elle constitue dans sa vie un changement de la plus haute importance et même un authentique bouleversement.

L'enfant qui commence à parler est en effet introduit à une dimension nouvelle : celle de la communication par la parole avec autrui. Dimension porteuse d'un plaisir sans cesse renouvelé mais qui, de plus, modifie radicalement son rapport au monde. Alors que l'extase de la succion le condamnait à n'être centré que sur lui-même, l'échange verbal l'ouvre, lui, sur l'extérieur, sur les autres, sur le monde, sur la vie. En acceptant de priver sa bouche du voluptueux téton (ou de la voluptueuse tétine) l'enfant gagne donc un statut « d'humain communiquant ». Il est, autrement dit, fort loin de perdre au change...

La castration, ouverture à la loi

Mais la castration, au sens doltoien du terme, ne se limite pas à poser à l'enfant la nécessité de sa progression. Elle a aussi pour but de lui permettre de mettre cette progression en harmonie avec les nécessités de la vie auprès de ses semblables. Elle a en effet également pour fonction de l'initier peu à peu à la loi humaine en lui apprenant ce que, dans la communauté des humains, il est permis de faire ou non. Enseignement qui peut et doit avoir lieu à tous les moments de sa vie quotidienne et dès son plus jeune âge. « On ne se promène pas tout nu. On ne jette pas son assiette par terre pour dire que l'on ne veut plus de purée. On ne met pas subrepticement dans sa poche les objets que l'on convoite au supermarché. On ne griffe pas le petit frère dans son berceau. On ne frappe pas ses copains. On ne serre pas le cou du chat. On ne jette pas son ballon dans les jambes de la vieille dame pour voir si elle va tomber. On ne se marie pas avec ses parents... »

Cette dimension de la castration est fondamentale car elle ne consiste aucunement à enseigner à l'enfant les bonnes manières, à lui apprendre à se conduire correctement. Elle a une tout autre portée.

Elle vise en effet, elle aussi, à barrer à sa libido la route qu'elle voulait emprunter – celle de la satisfaction pulsionnelle immédiate et brutale – et à lui en proposer une autre, plus conforme à la loi sociale. « C'est très bien que tu aies envie de savoir comment est fait le poisson rouge. Mais tu ne peux pas pour autant le sortir de son bocal et le couper en deux pour voir ce qu'il a dans le ventre. Ça lui ferait mal et ça le ferait mourir. Si tu veux, nous allons regarder ensemble ce livre sur les poissons et je t'en expliquerai toutes les images. »

Il ne s'agit donc, on le voit, ni d'un dressage de surface, d'une rectification des conduites : « Ne fais pas ci ! Ne fais pas ça ! » ni d'un enseignement à caractère intellectuel : « La morale enseigne que... » mais d'un véritable remaniement intérieur.

La castration est le fait d'une « éducation-humanisation » car elle ne demande pas à l'enfant de renoncer à ses pulsions (ce qui lui serait, de toute façon, impossible). Elle lui donne la possibilité de les satisfaire au moyen de buts compatibles avec la vie sociale : pour vivre en société, mieux vaut devenir chercheur en biologie animale que dépeceur d'êtres vivants...

Elle l'aide donc à faire du petit animal qu'il était un être humain, du petit sauvage un civilisé.

L'accès à l'intelligence

Mais, ce faisant, la castration ouvre également au « petit d'homme » une autre dimension essentielle de l'humanisation. Elle lui donne la possibilité d'accéder à ce que Françoise Dolto, reprenant le vocabulaire freudien, nomme les « sublimations ». C'est-à-dire à la satisfaction de ses pulsions par des moyens qui, outre qu'ils sont socialement acceptables, exigent une participation, une mise en marche de son intelligence.

L'abandon sans limites au pulsionnel (j'attrape le poisson, je le découpe) ne nécessite en effet aucune élaboration intellectuelle, contrairement à la lecture d'un livre, au visionnage d'une cassette ou à la visite d'une exposition qui obligent, eux, l'enfant à mobiliser ses facultés de pensée. La castration, parce qu'elle est seule susceptible de lui permettre la sublimation, est donc la clef du développement de son intelligence.

Et l'on peut poser que l'incapacité de penser, de réfléchir un peu plus loin que le bout sinon de leur nez, du moins de leur jouissance immédiate, que manifestent tant d'adolescents relèvent d'une absence de castrations. Si l'on arrive à reconstituer l'histoire de leurs premières années on se rend compte généralement qu'ils n'ont jamais reçu de véritable éducation. Ils se sont donc construits dans l'immédiateté : « Ça me plaît. J'ai envie. Je prends, je fais » et ont développé un mode de fonctionnement intellectuel bâti sur le même modèle. Ils ne vivent qu'en de perpétuels raccourcis, voire courts-circuits, de la pensée. L'impatience pulsionnelle qui les habite et les dirige ne leur permet pas de trouver en eux une place pour le temps nécessaire à toute réflexion. La satisfaction sans délais de l'envie du moment est leur seule règle. « Ben quoi, M'dame, j'comprends pas. Il m'a "traité", ce mec. Je l'ai frappé. Vous allez pas me dire que c'est pas normal, quand même ! »

Ce mode de pensée, ou plutôt de non-pensée, fait de ces jeunes des êtres frustes et marginaux. Il les contraint à vivre à la lisière du monde des « pensants » et conduit à la désespérance les adultes qui, au moyen d'arguments qui leur semblent de bon sens, essaient de leur faire entendre raison. « Mais enfin, tu n'as pas réfléchi aux conséquences ? »

Ce type de questionnement, issu d'une logique de « pensant », semble évident à ceux qui le pratiquent. Mais il est étranger à ces adolescents car, du fait de leur histoire et pour leur malheur, il ne peut avoir cours dans leur univers intérieur. Il ne provoque donc en général chez eux, au moins dans un premier temps, que stupeur et incompréhension : « Ben non, M'dame, j'avais pas l'temps ! »

Les conséquences de la castration

Les castrations, on le voit, conditionnent l'obtention par l'enfant d'acquis essentiels. Elles lui permettent de progresser et de se développer selon un rythme harmonieux ; d'être initié, dès son plus jeune âge, à la loi humaine et donc de construire dans cette loi aussi bien son corps et son affectivité que son psychisme, ce qui est la prévention la plus sûre de la délinquance ; d'accéder aux sublimations. De plus, elles ne lui interdisent pas le plaisir. Elles l'obligent seulement à troquer, pour son plus grand profit, son bon plaisir contre des plaisirs « bons », c'est-à-dire aptes à le faire avancer. Enfin, Françoise Dolto le souligne, elles le renforcent dans son désir. Si la castration en effet est donnée de façon telle qu'elle ne condamne pas le désir de l'enfant mais lui propose seulement (comme dans l'exemple précédemment cité du poisson rouge) d'en changer le but, celui-ci se sent valorisé dans ce désir.

Il comprend que ses parents ne condamnent pas ses envies et ne les jugent pas coupables mais, au contraire, les approuvent puisqu'ils veillent à ce qu'il puisse les satisfaire dans des conditions telles qu'elles ne causent ni à lui-même ni aux autres aucun tracas. Il apprend donc à ne pas être effrayé par elles et à les accueillir sans angoisse au fur et à mesure qu'elles surviennent. Ce qui est un facteur essentiel d'épanouissement et de créativité.

Les castrations, clefs de la vie sociale, sont ainsi de ce fait pour l'enfant une sorte de garde-fou qui lui permet de ne pas avoir peur de lui-même.

Les dérapages possibles

La question du désir de l'enfant et du respect de ce désir par l'adulte est donc, on le voit, en matière de castration doltoienne, centrale. Or certains dérapages sont à ce niveau envisageables. Françoise Dolto ne manque pas de les relever et il est important que les parents les connaissent pour pouvoir les repérer.

L'enfant peut ne pas comprendre comme il le faudrait la parole parentale. Il peut d'abord imaginer que c'est le désir qui est prohibé, conclure par exemple de ce qui lui est dit (toujours en référence à l'exemple du poisson rouge) que l'envie de savoir, de connaître est par essence répréhensible. Et bloquer ainsi ses capacités intellectuelles. S'interdire à l'avenir toute recherche et toute connaissance.

Il peut aussi penser que l'adulte lui interdit certains plaisirs parce qu'il ne valorise que la souffrance et la privation et cela peut le conduire à devenir plus tard un adepte de la frustration. Un de ces hommes (ou de ces femmes) dont leur entourage dit volontiers qu'ils sont « masos » parce qu'ils ont pour caractéristique essentielle de rechercher le malheur et de prendre la fuite dès que se profile la moindre possibilité de bonheur, aussi innocente soit-elle.

L'enfant peut également croire que l'adulte ne lui permet pas l'accès à certaines choses parce qu'il entend s'en réserver le privilège.

Certains petits garçons par exemple interprètent de cette façon l'interdit de l'inceste posé par leur père. Lorsque celui-ci leur dit : « Tu ne peux épouser ni ta mère ni ta sœur », ils entendent cette parole comme une volonté de leur géniteur de garder ces femmes pour son seul usage. Ils n'accèdent donc pas à la valeur humani-

sante de l'interdit. Ils ne comprennent pas que l'acceptation de cet interdit leur permet de devenir des humains à
part entière et d'entrer de ce fait de plein droit dans la
communauté humaine. Au contraire, ils se retrouvent
souvent dans une situation que l'on peut dire « animali-
sante ». Supposant à leur père une toute-puissance qui le
mettrait au-dessus des lois et lui donnerait tous les
droits, ils se trouvent en effet conduits, dans bien des
cas, soit à s'identifier à lui et à devenir par exemple
« chefs de bande » pour, suivant son exemple, imposer
leur loi aux autres. Soit à lui faire allégeance. Sur le
mode même où, dans une société animale, le plus faible
de l'espèce se soumet au pouvoir du mâle dominant.

Configuration particulièrement problématique pour
eux car, s'étant construits dans un rapport de soumission
passive à un autre homme supposé « le plus fort du
monde », ils risquent par la suite d'être amenés à répéter
ce rapport dans leur vie adulte. Sous la forme par
exemple d'une position d'éternel dominé dans des relations professionnelles amicales ou amoureuses qui,
posées de cette façon, ont peu de chances de les rendre
heureux.

Du bon usage de la castration

Pour pallier ces risques, il est donc très important que
l'adulte qui pose à l'enfant la limite soit au clair avec ce
qu'il fait et attentif à la façon dont il le fait. Rappelons-
le une fois encore : la castration n'a vocation ni à interdire le désir ni à proscrire le plaisir.

Il est normal que l'enfant ait, comme le dit Françoise
Dolto, le désir de « jouir de son développement ». Il est
normal qu'il ait envie de faire de nouvelles expériences,
de nouvelles découvertes, de trouver des satisfactions
nouvelles.

Poser un interdit sur sa quête de jouissance relèverait donc non seulement de la violence mais même, il faut le souligner, de la perversion.

Son besoin de plaisir n'étant pas réductible, l'enfant qui le verrait sanctionné n'aurait plus en effet d'autre issue (nous l'avons déjà évoqué) que de tenter de le satisfaire dans le seul champ qui lui resterait accessible : celui du renoncement et du malheur auxquels l'aurait condamné l'interdit injuste de l'adulte. Victime d'une éducation (consciemment ou inconsciemment) répressive et/ou sadique, il se verrait donc de fait initié et contraint par elle au masochisme ; c'est-à-dire à la recherche exclusive du plaisir dans la souffrance.

Françoise Dolto désigne d'ailleurs très précisément cette dérive : « Toute castration, écrit-elle[1], qui induit chez l'enfant le désir de se satisfaire dans la souffrance au lieu de se satisfaire dans le plaisir est une perversion. »

L'éducation qui, quels que soient les prétextes, religieux ou autres, qu'elle invoque pour le faire, condamne l'enfant à la souffrance en ne lui proposant pour tout idéal que la répression pure et simple de ce qu'elle nomme ses « instincts » peut donc être, à juste titre, qualifiée de « perverse ».

Elle n'a rien à voir avec « l'éducation-humanisation » telle que la conçoit Françoise Dolto et telle que, à sa suite, nous la reprenons.

Celle-ci et les castrations qu'elle suppose n'ont d'autre fonction que de faire entrer l'enfant dans la « loi commune » (celle de tout le monde). Et cette loi, c'est une évidence, n'a jamais interdit le plaisir. Elle exige seulement qu'il soit obtenu par des moyens compatibles

---

1. *L'image inconsciente du corps*, p. 81.

avec une vie passée dans la compagnie de ses semblables.

En outre, il est essentiel que l'adulte qui délivre à
l'enfant la castration lui explique clairement que les
limites dont il exige de lui le respect ne sont pas nées de
ses théories personnelles ou de sa fantaisie. Que chacun,
grand ou petit, est soumis aux mêmes règles et que lui-
même, l'adulte, ne peut y échapper. « Moi aussi, tu sais,
j'ai dû abandonner mon biberon. Moi non plus je n'ai
pas pu épouser ma mère et moi non plus je n'ai pas le
droit de me marier avec ma sœur (ou avec la tienne). »

La castration n'est pas une épreuve injuste infligée
aux enfants pour assurer le pouvoir des adultes ou leur
bon plaisir. Elle est le moyen par lequel ils les introdui-
sent, comme eux-mêmes en leur temps l'ont été, à la vie
humaine et à ses lois. Elle est donc, à ce titre, valori-
sante pour l'enfant. Elle constitue même pour lui une
promotion puisqu'elle lui permet de devenir dans ce
domaine, grâce à ses efforts, l'égal des grands. « Je ne
peux pas me marier avec ma maman, redevenir un bébé,
voler ou tuer les autres. Mais mon sort n'est pas différent de celui de mes parents. Et je suis devenu maintenant assez grand pour être capable, comme eux, de le
comprendre et de l'accepter. »

Pourquoi l'enfant accepte-t-il la castration ?

Cette prise de conscience par l'enfant du sort de
l'adulte, pas mieux loti que lui et soumis, lui aussi, aux
exigences sociales est nécessaire à son acceptation de la
castration.

La question en effet se pose et de nombreux parents
se la posent de savoir pourquoi il l'accepte.

Il le fait d'abord, nous l'avons dit, parce qu'il ressent
le besoin de limites. Mais il le fait aussi – et Françoise

Dolto le souligne – parce qu'il aime le parent qui lui délivre la castration. Et surtout parce qu'il a confiance en lui, l'admire et souhaite profondément lui ressembler. Toutes choses qui, pour être possibles, nécessitent évidemment que cet adulte soit, aux yeux de l'enfant, crédible.

Or un certain nombre de conditions sont requises pour qu'il le soit. Il ne peut l'être d'une part que s'il croit profondément ce qu'il dit ; que s'il est lui-même convaincu de la valeur et du sens des repères qu'il donne à l'enfant. Quoi que manifeste extérieurement un adulte, c'est toujours en effet à ce qui l'anime profondément que l'enfant s'identifiera. D'autre part, que si l'enfant le voit mettre ses actes en accord avec ses paroles ; que s'il le voit respecter lui-même ce qu'il lui demande de respecter.

Pour les enfants, les actes comptent au moins autant que les mots. Ils sont même pour eux la preuve de la véracité de ces mots.

Prêcher à son enfant la valeur de l'effort alors que l'on se montre soi-même incapable d'en faire aucun est peine perdue. Prétendre lui apprendre les passages réservés aux piétons alors que l'on a pour habitude de traverser au milieu des voitures n'a aucune chance d'aboutir. Ce type de conduite, « Fais ce que je te dis, pas ce que je fais ! », peut même être extrêmement destructeur pour l'enfant. S'il voit ses parents accomplir, à longueur de journée, les actes mêmes qu'ils lui interdisent, il finit toujours par en déduire, au moins inconsciemment, d'une part que, lorsque l'on est grand tout est possible, ce qui a toujours, sur sa vie future, des conséquences graves ; et, d'autre part, et surtout, que la parole est vaine et mensongère.

Il ne lui reste donc plus, dès lors, qu'à rejoindre la longue cohorte de tous ceux, enfants, adolescents ou adultes, pour qui les mots (les leurs comme ceux des

autres) ne veulent rien dire. Parce qu'ils ont fait durable-
ment l'expérience qu'ils n'étaient que du vent, des
déclarations creuses qui n'engageaient en rien leurs
auteurs.

La castration, épreuve pour l'enfant

Les bénéfices de la castration étant posés, il nous faut
maintenant revenir sur l'une de ses dimensions essentielles : la souffrance inévitable qu'elle engendre chez
l'enfant.

La castration implique, nous l'avons vu, un temps de
vide, celui laissé par le plaisir auquel cet enfant doit
renoncer. Le passage par ce vide est indispensable pour
que l'enfant puisse « transmuter » ses plaisirs anciens en
plaisirs nouveaux. Pour que le fruit puisse apparaître, la
fleur doit disparaître.

Ce temps de manque est évidemment un temps de
souffrance, et Françoise Dolto le définit, sans ambiguïté,
de cette façon.

Elle le dit clairement : la castration est toujours pour
l'enfant une épreuve – c'est son mot – et elle provoque
toujours chez lui de la souffrance car elle l'oblige à faire
le « deuil » – c'est également son mot – des plaisirs auxquels il s'adonnait jusque-là.

Que Françoise Dolto emploie, en cette occasion, le
terme de « deuil » n'est pas à prendre à la légère car elle
a, on le sait, pour référence les concepts freudiens. Pour
prendre toute la mesure de ce qu'elle veut dire, il nous
faut donc en revenir à Freud et à la façon dont il est
amené à théoriser dans son œuvre cette notion.

Dans son article « Deuil et Mélancolie[1] », Freud défi-

---

1. Sigmund Freud, « Deuil et Mélancolie » *in Métapsychologie*, Paris,
Gallimard, 1985.

nit le deuil en termes d'investissement libidinal. La personne en deuil, explique-t-il, l'est parce qu'elle avait investi sa libido sur un objet d'amour qui, tout à coup, a disparu. Elle se retrouve donc dans une douleur et un désarroi infinis car son désir d'investir demeure, alors qu'elle ne peut plus le réaliser. La disparition de l'être aimé rend définitivement l'opération impossible : (« il n'y a plus d'abonné au numéro que vous avez demandé... »). D'où la souffrance.

Le temps du deuil est donc celui, plus ou moins long, dont l'endeuillé a besoin pour accepter cette terrible impossibilité et, peu à peu, retrouver le désir et le courage de recommencer à investir ailleurs. Ce temps est toujours, on le sait, celui d'une souffrance et d'un travail psychique intenses.

Or – et c'est sans doute la raison pour laquelle Françoise Dolto parle de deuil – l'enfant soumis à la castration est confronté à une souffrance et à un travail psychique qui sont tout à fait du même ordre. Il se voit en effet interdire ses « placements » antérieurs (ses plaisirs passés). Il ne peut plus investir sur eux sa libido. On l'en empêche. Et, en échange, on lui propose de nouveaux placements, de nouveaux plaisirs.

La situation n'aurait donc rien de vraiment dramatique pour lui si, pour accéder à ces nouveaux placements, il n'était obligé, préalablement, de retirer sa « mise » (sa libido) des précédents. Or, il l'est.

Les capacités d'investissement libidinal d'un être humain (adulte ou enfant) sont à l'image des réserves de trésorerie d'un investisseur financier : elles ne sont pas illimitées. Pour faire de nouveaux placements il lui faut renoncer à ceux, désormais sans rentabilité, qu'il avait faits auparavant.

S'il accepte la castration, l'enfant doit donc lâcher ses plaisirs passés et supporter d'être, tant qu'il n'a pas pu encore investir dans de nouveaux placements, dans une sorte d'entre-deux, plus ou moins long selon les cas car sa durée dépend du temps dont il a besoin pour procéder aux remaniements intérieurs qui s'imposent. Mais forcément douloureux pour lui car il s'y retrouve confronté au vide (sans investissement financier, pas de dividendes, sans investissement libidinal, pas de plaisir), désorienté et privé de satisfactions qui lui sont essentielles.

Tout enfant soumis à la castration traverse donc une période de grande déstabilisation. Et il a plus que jamais besoin de l'aide, de l'appui et des paroles de ses parents.

Mais il ne peut trouver en eux un soutien efficace qu'à deux conditions. Si ses parents comprennent les motifs de sa souffrance, son sens et son intensité et ne se contentent pas de l'attribuer à la fatigue ou au caprice. Mais s'ils comprennent également que cette souffrance est normale, inévitable et surtout, en dépit des apparences, positive. S'ils entendent qu'elle est le signe que leur enfant avance et la condition même de cette avancée. Seule cette compréhension, en effet, peut les aider à ne pas reculer. C'est-à-dire à ne pas essayer, culpabilisés et meurtris par ce qu'ils le voient éprouver, de lui épargner l'épreuve : « Il avait l'air tellement malheureux, vous comprenez, je lui ai redonné son biberon. »

Une telle attitude en effet n'aide pas l'enfant. Elle lui évite certes, momentanément, une souffrance mais l'économie qu'elle lui permet ainsi de réaliser lui coûte en fait toujours, à long terme, très cher. Car, le bloquant dans son développement et l'obligeant de ce fait à régresser, elle le contraint à produire des symptômes qui sont toujours à la fois pour lui douloureux et invalidants.

La castration, épreuve pour les parents

Épreuve pour l'enfant, la castration en est donc une également pour ses parents. Parce qu'elle les oblige à supporter de le voir souffrir. Ce qui leur est toujours difficile, surtout s'ils assimilent – même inconsciemment – cette souffrance à des douleurs passées de leur propre enfance, sans avoir la possibilité de comprendre qu'elle n'est pas du même ordre.

Les parents ont souvent du mal à différencier les souffrances légitimes – et indispensables – qu'ils doivent, pour l'éduquer, imposer (comme tous les parents) à leur enfant ; et celles, injustes que leur ont autrefois infligées les adultes névrosés de leur enfance. Et ils ont d'autant plus de mal à faire cette distinction que leurs enfants ne les y aident guère. Ceux-ci en effet, sentant leurs hésitations, ne se font pas faute d'en jouer.

Il n'est pas rare qu'ils s'emploient en pareil cas et certains avec un véritable génie à donner à leurs géniteurs le spectacle même du désespoir dans lequel ceux-ci redoutent (parce qu'il fut jadis le leur) de les avoir plongés...

Pourtant les « souffrances éducatives » et, au premier chef, celles qu'occasionne à un enfant la castration sont inévitables.

Aucun enfant, nous l'avons dit, ne peut, sans souffrir, accepter de quitter ce qu'il connaît pour avancer vers l'inconnu (mais comment grandir autrement ?). Aucun enfant ne peut, de gaieté de cœur, renoncer à ce qui lui procure du plaisir. Même si ce plaisir est dangereux pour lui. L'enfant petit, par exemple, que l'adulte empêche de se livrer au jeu très amusant qui consiste à essayer de mettre ses doigts dans les prises de courant s'imagine toujours (tant qu'il n'a pas compris ou voulu comprendre le sens des explications données) que celui-ci est un « méchant » qui le prive d'un moment délicieux (et, en général, ne le lui envoie pas dire).

Aucun enfant n'accepte – au moins dans un premier temps – avec enthousiasme la perspective des efforts qui lui sont demandés pour satisfaire aux règles communes (cesser de jouer pour venir à table, se laver les dents, finir ses devoirs, etc.).

Nul ne peut donc prétendre éduquer sans douleur. Mais les douleurs dont nous parlons, il faut que les parents le comprennent, ne sont en rien comparables aux brimades absurdes et destructrices qu'infligent aux enfants les adultes qui usent (et abusent) de leur pouvoir pour leur imposer leur propre loi, leurs règlements imbéciles, leur bon plaisir ou leur sadisme.

La castration impose à l'enfant des souffrances mais celles-ci ne sont que le lot commun, le prix à payer pour grandir. Ce prix peut lui sembler à certains moments trop élevé (c'est dur, même si l'on a décidé d'apprendre le piano, de devoir aller à tous les cours...) mais ce qu'il lui permet d'acquérir n'est pas, loin s'en faut, sans valeur car la réussite de ses entreprises et sa vie elle-même en dépendent. À ce titre on peut dire, d'ailleurs, que les souffrances induites par la castration ressemblent à celles que doivent supporter, pendant et après leur entraînement, les sportifs. Elles ne sont que des sortes de « courbatures de la vie » qui attestent du travail accompli et portent avec elles la promesse du succès.

Mais, sur le chemin de la castration, les parents ne sont pas arrêtés seulement par la souffrance de leur enfant. Ils le sont également par celle qu'ils sont amenés eux-mêmes à éprouver.

La castration en effet n'est pas seulement une limite

posée à l'enfant. Elle en est une également pour ses parents. Françoise Dolto l'écrit clairement : à chaque castration de l'enfant correspond une castration de ses parents. Pourquoi ? Parce qu'en lui interdisant le plaisir qu'il prenait auparavant les parents barrent du même coup la route à celui qu'eux-mêmes prenaient jusque-là avec lui.

Le sevrage, par exemple, constitue un renoncement pour l'enfant mais il en est un aussi pour sa mère. Elle doit, elle aussi, abandonner le plaisir que lui procuraient les tétées et parvenir à trouver un bonheur aussi grand dans l'échange par la tendresse, les jeux, les mimiques et surtout la parole avec ce bébé dont l'écart créé par le sevrage entre son corps et le sien lui rappelle sans cesse qu'il n'est pas un morceau d'elle mais un autre. Un autre qui a certes un besoin fou, absolu d'elle mais qui, plus jamais, ne fera partie d'elle.

Pour l'enfant comme pour ses parents, chaque castration est une sorte de nouvelle naissance, de nouvelle séparation. « Chaque jour un peu plus grand, chaque jour un peu plus loin. » Et c'est d'ailleurs, nous l'avons déjà dit, dans cet éloignement, en permanence à l'œuvre, que réside la spécificité de l'amour parental et toute sa difficulté.

Ces renoncements qui sont, on ne le dit sans doute pas assez, d'une grande difficulté pour tous les parents, peuvent être, du fait de leur histoire, plus terribles encore pour certains. Le parent qui n'a pas reçu de ses propres géniteurs les castrations peut se trouver sans repères face à ses enfants. Celui qui a subi des frustrations injustes peut être terrorisé à l'idée de les vouer à une horreur semblable, etc.

Ces situations sont d'autant plus difficiles à dénouer que le père ou la mère qui en sont la proie n'ont, en général, aucune conscience de ce qui leur est arrivé.

Ils n'ont gardé des événements de leur passé qu'une mémoire inconsciente et il n'est pas rare qu'elle resurgisse en analyse : « Ça me revient, maintenant ! On m'a raconté que ma mère avait cessé brutalement de m'allaiter parce qu'elle devait partir en province s'occuper de sa propre mère qui allait mourir. Et je suis sûre qu'elle ne m'a rien expliqué. Elle n'imaginait pas qu'un bébé pouvait comprendre. Ça a dû être terrible pour elle... et pour moi. »

Éduquer est un travail difficile pour tous les parents. Mais pour ceux que leur passé a pris, à leur insu, en otages, il peut être infiniment douloureux.

4

Quand soigner ne rime plus avec écouter

Les difficultés que rencontrent certains parents dans l'éducation de leurs enfants sont même parfois si grandes qu'elles les conduisent à rechercher l'aide d'un spécialiste, à consulter. Démarche importante et souvent décisive mais qui n'est pas aujourd'hui sans poser problème. Car l'oubli de la construction de l'enfant et la réduction à l'amour du lien qui l'unit à ses parents sévissent aussi dans le champ des soins. Et y font plus encore qu'ailleurs des ravages.

Ils conduisent à des pratiques préjudiciables aux enfants. Et il n'y a pas lieu de s'en étonner car la position du praticien quant à ces données n'est pas accessoire. Elle conditionne la façon dont il travaille.

Le symptôme, expression d'une difficulté

Si le thérapeute en effet conçoit l'enfant comme un être en construction et admet que ses parents jouent, dans cette construction, un rôle central, il est amené à un certain nombre de conclusions, des plus essentielles.

Il est d'abord conduit à ne pas considérer le problème dont souffre (dans sa vie affective, relationnelle, sociale,

223

scolaire, etc.), cet enfant comme l'effet d'un « vice de fabrication » dramatique et rédhibitoire avec lequel il serait né. Mais comme celui d'une difficulté rencontrée dans ce travail de construction.

Cette conception analytique du symptôme a deux conséquences majeures.

Elle permet de poser que l'enfant peut, si l'on trouve les causes de son trouble et si l'on y remédie, être à coup sûr guéri. Certitude qui, évidemment, soulage notablement l'angoisse toujours très vive de sa famille... Et elle permet surtout de mettre en place un « protocole de soins » susceptible d'obtenir cette guérison.

La première caractéristique de ce protocole est que le thérapeute ne peut en aucun cas recevoir l'enfant seul. En effet, si l'enfance est conçue par lui comme un « chantier de construction » il lui faut, s'il veut remettre en place ce qui doit l'être, comprendre ce qui se passe sur ledit chantier. Et, en premier lieu, qui sont les gens qui, à un titre ou un autre, y occupent une fonction.

L'enfant ne se construisant pas seul mais dans un rapport étroit à ses parents, on ne peut donc prétendre le soigner sans les écouter en même temps que lui[1].

Un premier temps de rencontres entre l'analyste et les trois protagonistes est ainsi instauré. Et la durée de cette « phase exploratoire » peut varier en fonction de la complexité des recherches à faire.

---

1. Contrairement à ce qui se pratique dans ce que l'on appelle les « thérapies familiales », les psychanalystes ne reçoivent pas les frères et sœurs. De tels entretiens qui peuvent être perturbants pour eux ne sont pas nécessaires. D'une part, parce que l'on peut très bien, en parlant avec le petit patient et ses parents, comprendre sans qu'ils soient là le rôle qu'ils jouent. Et, d'autre part, parce qu'il est important que l'enfant pour lequel on consulte sente que la thérapie n'appartient qu'à lui seul. Et qu'il a, pour ses parents, la place d'unique que nous avons déjà évoquée.

Que se passe-t-il ? Qui en pense quoi ? Qui souffre ?

À quoi servent ces entretiens ? D'abord à ce que le petit patient et ses deux parents puissent, chacun à sa façon, énoncer la difficulté qui motive la consultation. Dire comment chacun l'appréhende et la ressent.

On consulte par exemple parce que l'enfant, réfractaire à toute autorité, multiplie les transgressions. Qu'en pense le père ? Qu'en pense la mère ? Chacun est appelé à s'exprimer car il est fréquent que l'un et l'autre n'aient pas des choses la même vision ; et trouvent même là, parfois, motif à querelles. Il est bon, si c'est le cas, que celles-ci soient formulées devant l'enfant.

Ce premier échange à propos du problème a une grande importance. D'une part, parce qu'il permet à l'analyste de mesurer les différences d'appréciation et de souffrance de chacun des parents. Et ainsi d'entrevoir le rapport que chacun d'eux entretient avec l'enfant.

D'autre part, parce qu'il donne aux parents eux-mêmes la possibilité de prendre conscience de l'importance de leurs divergences. Et surtout, sortant de l'habituel conflit, de commencer grâce aux interventions de l'analyste à en percevoir le sens.

Mais l'enfant lui-même n'est pas exclu du questionnement. Que pense-t-il de tout cela ? Est-il d'accord avec ce que l'on dit de lui ?

La question est importante. L'analyste en effet a besoin de savoir si ses difficultés dont il est sûr (puisqu'ils consultent) qu'elles dérangent ses parents le dérangent lui aussi. Ce n'est pas toujours le cas. Car, pris dans l'engrenage de ses comportements et habitué à l'ire parentale qu'ils provoquent, il n'est pas forcément conscient que ses actes font souffrir tout le monde, et surtout hypothèquent son développement.

Mais cette place donnée à l'enfant dans la discussion est également déterminante parce que le fait d'être interrogé par l'analyste et d'avoir à donner son opinion le situe d'emblée comme « sujet ». C'est-à-dire comme partenaire, interlocuteur à part entière.

Positionnement essentiel pour lui, qui se voit – parfois pour la première fois de sa vie – pris au sérieux. Mais aussi pour ses parents qui, constatant que l'analyste accorde à sa parole autant de valeur qu'à la leur, restent souvent médusés.

Qui est qui ?

La fonction de ces entretiens n'est pas seulement de préciser le trouble de l'enfant et d'en mesurer le retentissement sur sa famille. Il s'agit aussi :

• de connaître ses parents ; de savoir quel homme, quelle femme ils sont. Quelles ont été leurs histoires respectives (et celles des lignées qui les ont précédés), celle de leur rencontre, celle de leur couple ;

• d'explorer précisément l'histoire de l'enfant, la façon dont s'est déroulée la grossesse, dont se sont passées sa croissance, sa petite enfance et sa vie jusque-là ;

• et enfin, de comprendre la façon dont il vit. À la maison : ses comportements, ses habitudes (pour dormir, manger, se laver, etc.) ; son degré d'autonomie ; l'éducation qu'il reçoit, son rapport avec ses parents et avec ses frères et sœurs. Mais aussi à l'extérieur, car il convient de connaître sa vie sociale (à la crèche, à la garderie ou à l'école), de savoir s'il a ou non des activités, des amis, etc.

En fait, à l'issue de cette première phase de travail, l'analyste doit avoir, tel le scénariste d'un film, une idée assez précise de l'histoire et de ses personnages. Et les parents comme l'enfant doivent commencer à entendre qu'elle n'est peut-être pas exactement ce qu'ils croyaient...

Il arrive d'ailleurs, ce n'est pas rare, que cette phase (de quelques séances) suffise à elle seule à régler les problèmes. Parce qu'un épisode de sa vie ou de celle de ses parents qui était jusque-là caché à l'enfant a pu, avec l'aide de l'analyste, lui être restitué. Et que ces retrouvailles permises avec une vérité de son histoire (qu'il savait inconsciemment mais n'avait pas le droit de savoir consciemment) lui permet, allégé du poids d'angoisse qui le retenait jusque-là prisonnier, de repartir vers la vie. Ou parce que des difficultés éducatives (au sens de « l'éducation – humanisation ») dont il pâtissait ont pu être repérées et résolues. Certains parents, se rendant compte qu'ils freinent l'accès de leur enfant à l'autonomie, peuvent ainsi, à l'issue de cette période, l'autoriser à échapper à leur tutelle et lui rendre une liberté dont la privation l'étouffait.

Durant ces entretiens des « levées de symptômes » peuvent survenir. Elles sont souvent rapides et spectaculaires. Mais, contrairement à ce que croient beaucoup de parents, elles n'ont pour autant rien de miraculeux. Et n'autorisent en aucun cas à créditer l'analyste dont la parole les a provoquées d'un quelconque talent de magicien.

Quand un enfant par exemple, venu consulter pour énurésie nocturne, cesse du jour au lendemain de faire pipi au lit parce que le thérapeute lui a expliqué ainsi qu'à ses parents l'interdit de l'inceste. Et leur a (au nom de cet interdit) demandé de cesser de prendre leur bain ou de dormir ensemble, sa « guérison » ne relève de l'intervention d'aucune force occulte ou divine.

Elle prouve seulement que, comme nous l'avons tout au long de ce livre expliqué, la construction d'un enfant est soumise à des règles dont le non-respect provoque des troubles.

Et si le problème dont le petit patient guérit ne renvoyait pas à son éducation mais à l'« inconscient familial », il n'y a pas lieu non plus de crier au miracle. Le fait qu'il soit réglé prouve simplement que l'analyste a entendu ce qui le provoquait. Et permis ainsi à l'enfant de dire, avec des mots, ce qu'il ne pouvait jusque-là dire que par des symptômes.

Le psychisme – il faut que les parents le sachent – n'est ni le royaume du nébuleux ni celui des prodiges. Son fonctionnement relève toujours d'une logique. Et la tâche du praticien, s'il veut soigner l'enfant, est de réussir, dans chaque cas, à la découvrir.

Vérité qu'il est important de rappeler car la croyance aux « miracles psy » de certains parents a, comme toute médaille, un revers. Celui de leur acceptation des échecs thérapeutiques dont pâtissent leurs enfants. Échecs qu'ils ne supporteraient en aucun cas s'il s'agissait de leur corps, mais face auxquels ils se montrent souvent, quand il s'agit de leur psychisme, démunis, passifs et résignés. Comme s'ils ne pouvaient invoquer, pour les expliquer, que les dieux ou la fatalité. « C'est vrai, il est suivi depuis plus d'un an et c'est toujours pareil, mais on continue quand même... ».

La possibilité d'une thérapie

Quand les entretiens « exploratoires » ne suffisent pas, parce que l'enfant est prisonnier d'une souffrance complexe avec laquelle il s'est, depuis des années, tissé, une thérapie peut lui être proposée, à condition que ses parents approuvent ce projet. Et à condition surtout que lui-même désire qu'il soit mis en œuvre. L'analyste en effet doit toujours s'assurer de sa motivation. Car une thérapie ne peut l'aider que s'il comprend en quoi elle consiste, pourquoi on la lui propose et s'il se montre réellement désireux de l'entreprendre.

S'il s'agit d'un bébé ou d'un très jeune enfant, le thérapeute doit donc lui expliquer clairement qu'il a, sans que personne soit fâché, la possibilité de refuser. Cet avertissement est loin d'être seulement formel car l'expérience prouve que, aussi petits soient-ils, les enfants savent toujours, si on les écoute, manifester clairement leur refus.

De la même façon, l'analyste ne peut, si l'enfant est plus grand, se contenter, pour toute réponse à sa proposition, d'un « Je veux bien » murmuré et morose. Car celui-ci peut signifier seulement que l'intéressé est prêt à accepter passivement, comme il en a l'habitude, ce qu'un adulte lui propose et à se soumettre à ce qu'il pense être un ordre, sans engager en rien dans l'entreprise son propre désir. Ou peut même vouloir dire qu'il ne consent à la thérapie proposée que parce qu'elle lui offre la possibilité d'un tête-à-tête privilégié avec une « grande personne ». Tête-à-tête qu'il pourra d'ailleurs, éventuellement, à l'insu de celle-ci, « érotiser ».

Il faut donc, dans tous les cas, mesurer son degré d'engagement dans le travail thérapeutique. Tâche difficile qui avait conduit Françoise Dolto à mettre en place ce qu'elle appelait le « paiement symbolique ». C'est-à-dire l'obligation faite à l'enfant d'apporter, pour payer sa séance, « quelque chose » (un dessin, un timbre, un caillou, etc.). Un « quelque chose » à quoi il doit penser seul, sans que ses parents aient à le lui rappeler, étant bien entendu que, s'il a oublié ce paiement, sa séance n'aura par lieu. Et que, si le fait se reproduit, il sera, sans être en rien grondé, renvoyé à son désir : « Tu vois, tu n'as sans doute pas suffisamment envie de te soigner pour penser à apporter le paiement que je t'ai demandé. Ce n'est pas grave. Si un jour c'est vraiment important pour toi, tu reviendras. Et là, tu verras, certainement tu n'oublieras plus. »

Les parents : partie prenante de la thérapie

Si l'enfant a manifesté de façon suffisamment claire son désir, la thérapie est entreprise. L'analyste le reçoit seul[1] à chaque rendez-vous, pour une séance. Séance durant laquelle il peut, au moyen de la parole, du modelage ou du dessin, exprimer la souffrance qui l'habite et essayer, grâce à l'aide de l'adulte, d'en comprendre le sens.

Mais même dans cette phase où leur enfant est reçu seul, les parents ne sont pas exclus du traitement. Ils en restent partie prenante. Car l'analyste les reçoit régulièrement, ensemble ou en alternance à la fin de chaque séance de l'enfant (et ce, en sa présence, afin qu'il ait l'assurance que rien n'est dit « derrière son dos »).

Il ne s'agit en aucun cas de les informer du contenu de la séance car celui-ci est couvert – c'est, pour l'enfant, essentiel – par le secret professionnel[2], mais de continuer avec eux l'enquête commencée lors de la phase exploratoire. Car reconstituer précisément le passé de leur

---

1. Sauf évidemment s'il s'agit d'un bébé ou d'un très jeune enfant qui ne peuvent être reçus sans leurs parents.
2. Il est essentiel que l'enfant ait droit, en thérapie, aux mêmes garanties qu'un adulte.

enfant leur demande toujours beaucoup d'efforts et de temps. Et il s'agit également d'éclairer, quand cela se révèle nécessaire et à condition que l'enfant en soit d'accord, certains points de la thérapie.

Le dessin d'un enfant en effet n'est jamais interprétable comme tel. Il ne l'est que grâce à ce que son auteur peut en dire. L'analyste doit donc inviter celui-ci à « associer » (« Cela te fait-il penser à quelque chose ? ») et essayer d'entendre ses associations. Or il n'est pas rare que certaines d'entre elles renvoient à des événements de son histoire dont, bien qu'ayant une mémoire inconsciente qu'il exprime dans son dessin, il a perdu le souvenir conscient.

Un enfant par exemple qui, après avoir dessiné une voiture, y place un personnage dont, interrogé, il finit par dire qu'il s'agit d'un monsieur mort, peut exprimer ainsi mille choses.

Des « vœux de morts ». Une conversation d'adultes qu'il a surprise et dans laquelle il était question de mort. Sa propre découverte de la mort. Une mort (ou une peur de la mort) qui obsède son père ou sa mère et qu'il ressent inconsciemment. Mais aussi parfois une expérience douloureuse qu'il a lui-même vécue.

Aussi ce petit garçon de cinq ans qui avait vu, à l'âge de deux ans, son grand-père mourir d'une crise cardiaque dans la voiture qui emmenait toute la famille en vacances. Il n'avait plus de cet épisode qu'un souvenir très flou, mais il était habité en permanence par une culpabilité intense dont la thérapie permit de découvrir le sens. Le vieil homme étant en effet au moment de son décès assis près de lui, l'enfant continuait inconsciemment, des années plus tard, à penser (faute d'explications) qu'il était pour quelque chose dans ce qui l'avait fait mourir.

Le « décryptage » de ses dessins où voiture et mort ne

cessaient de se côtoyer ne pouvait donc se faire sans que des questions soient, en sa présence et avec son accord, posées à ses parents. « Votre fils parle souvent de voiture et de "monsieur mort", est-ce que cela évoque quelque chose pour vous ? »

Cette aide des géniteurs est dans ce type de cas (et ils sont fréquents) absolument indispensable à l'analyste. Car il en serait, sans elle, réduit à imaginer, à fantasmer. Il risquerait donc, les interprétant à la lueur de son histoire personnelle, de projeter sans le savoir sa propre problématique (consciente et inconsciente) sur les productions de l'enfant.

Mais l'analyste a besoin également de voir régulièrement les parents pour évaluer avec eux la progression de son petit patient, les changements qu'il manifeste (et ceux que, malheureusement, il ne manifeste toujours pas...), les problèmes nouveaux qui peuvent surgir. La façon dont eux-mêmes agissent dorénavant avec lui. Mais aussi et surtout, pour les aider à supporter qu'il change. Ce qui leur est parfois difficile. L'enfant en effet participe toujours par son symptôme d'un « équilibre » familial qui, pour précaire, instable et douloureux qu'il soit, constitue pour ses parents un repère. Le voir bouleversé les oblige donc à des remaniements qui peuvent être générateurs de souffrances.

Certains s'aperçoivent ainsi avec étonnement au cours de la thérapie de leur enfant que sa réussite scolaire, qu'ils avaient tant souhaitée, n'est pas aussi simple à vivre pour eux qu'ils l'auraient cru. Parce qu'elle les prive par exemple d'une attention permanente portée à ses devoirs et à ses leçons qui, sans qu'ils en aient conscience, leur permettait de ne pas avoir à se retrouver face à face. Et leur évitait donc par là même d'affronter leurs problèmes de couple.

Les parents, partenaires du thérapeute

Dans le travail qu'ils font pour aider le thérapeute à aider leur enfant, les parents sont donc obligés, on le voit, de s'interroger sur eux-mêmes. Mais ils ne sont pas pour autant, comme on le croit encore trop souvent, en position d'accusés. Car le but de l'opération n'est pas que, soumis à la question par un psychanalyste-procureur, ils finissent par avouer la noirceur de leur âme, et tout ce qu'ils auraient, dans l'éducation de leur progéniture, « raté » ou « mal fait ».

Les parents sont tout au contraire, pour le praticien, des alliés, des partenaires. Ils font équipe avec lui. À armes égales. Car si celui-ci connaît, tel un vieux détective, la méthode susceptible de faire aboutir « l'enquête » qui doit mener à la guérison, ils en détiennent, eux, avec l'enfant, les éléments. Et sont donc, à ce titre, les seuls capables de répondre avec lui aux questions qui se posent.

L'analyste peut certes être amené à leur rappeler – et ce rappel est parfois difficile à entendre – des règles et des interdits (on ne lave pas un enfant de six ans, on ne l'assiste pas aux toilettes, etc.). Mais on est bien loin de la culpabilisation si souvent évoquée des parents par la psychanalyse.

Car l'analyste, même s'il doit dans certains cas, parce qu'il y va de l'avenir de l'enfant, se montrer ferme avec ses parents, ne les juge en aucune manière. Et sa mansuétude n'est pas le fait d'une magnanimité particulière. Elle n'est due qu'à sa compréhension[1] du caractère inéluctable de la « répétition ».

---

1. Compréhension acquise sans nul doute grâce à la théorie analytique mais d'abord et surtout dans l'expérience – irremplaçable – qu'a été pour lui son analyse personnelle.

L'attitude des parents en effet dépend toujours, dans quelque domaine que ce soit, de ce qu'ils ont eux-mêmes vécu. Elle est liée à la façon dont les adultes, autrefois, ont agi avec eux (ou avec leurs frères et sœurs). Ils se conduisent comme ils les ont vu se conduire ou, obsédés par leur passé, s'astreignent au contraire à des comportements inverses.

Ainsi quand un père (ou une mère) laisse son enfant sans limites, ce n'est jamais parce qu'il est consciemment mal intentionné à son égard, mais parce que lui-même vient d'une enfance durant laquelle on l'a soit laissé dans le vide (et il fait, devenu parent, partager ce vide à son enfant), soit fait vivre en permanence dans l'arbitraire et la répression. Auquel cas redoutant que son enfant ne souffre comme lui-même a souffert, il ne peut même envisager de lui dire non.

Comment ce père qui ignore ce qui le pousse à agir de la sorte pourrait-il être déclaré « coupable » ou « mauvais parent » ? Le travail du psychanalyste n'est pas de porter sur sa conduite des jugements, mais de comprendre ce qui la motive, et de l'aider, lui, à en prendre conscience.

Parents et enfants captifs de la même souffrance

Pour la psychanalyse, les parents ne sont donc pas des coupables. Et l'on peut, à ce propos, rappeler la formule de Françoise Dolto posant, à juste titre, que les problèmes de leur progéniture ne sont jamais « de leur faute mais de leur fait[1] ».

Si l'analyste doit pour accomplir sa tâche se faire très

---

1. Françoise Dolto, *Les Images, les mots et le corps*, entretiens avec Jean-Pierre Winter, Paris, Gallimard, 2002.

souvent l'avocat de leur enfant (essayer de leur faire entendre sa parole, revendiquer pour lui des droits) et si, ce faisant, il peut sembler prendre son parti, il ne le fait jamais à leur détriment. Et ne choisit jamais entre eux et lui son camp. Et là encore, ce refus de tout jugement n'est pas l'effet d'une bonté particulière. Il est la condition même de son travail. Car l'analyste, quand il reçoit un enfant, ne prend pas seulement en charge celui que, officiellement, on lui amène. Il en reçoit aussi, avec lui, deux autres.

Deux autres qui, bien qu'invisibles, hantent son bureau et pèsent d'un poids déterminant sur ce qui peut s'y faire.

Outre la douleur de son petit patient, il lui faut en effet, s'il veut l'aider, entendre celle des enfants que furent son père et sa mère. Ces enfants qui, gisant toujours faute d'aide dans leur inconscient, dirigent à leur insu leurs pensées et leurs actes. Il lui faut écouter ces petits êtres souffrants d'autrefois qui les habitent afin qu'ils puissent, à leur tour, en retrouver la trace. Et, ainsi rendus à eux-mêmes, à leur histoire et à ses tourments, réaliser ceux de leur petit garçon ou de leur petite fille, qu'ils condamnaient jusque-là, sans le vouloir ni le savoir, à des errances semblables aux leurs.

Le travail que fait l'analyste avec les parents des enfants qu'il suit n'a donc pas pour but de les écraser sous le poids de leurs responsabilités, mais de leur permettre d'identifier et de cerner les maux de leur propre enfance dans lesquels, parce qu'ils en étaient restés à leur insu prisonniers, ils emprisonnaient leurs enfants.

Une fois les souffrances dénouées, chacun peut retrouver sa place. Les parents peuvent récupérer leurs « capacités parentales » (que leur passé trop lourd avait prises en otages), et, redevenus capables d'accomplir parfaitement leur tâche, se rendre compte qu'ils n'ont plus besoin, pour aider leur enfant, du soutien du psy-chanalyste. Le travail thérapeutique peut s'achever.

Lorsque la construction de l'enfant et le rôle que jouent ses parents sont pris en compte, les protocoles de soins mis en place permettent donc, on le voit, que les enfants soient – et en général assez rapidement – sortis d'affaire. Les problèmes dans lesquels leurs symptômes s'enracinaient étant traités, ceux-ci en effet n'ont plus de raison d'être.

Malheureusement les prises en charge des enfants ne se déroulent pas toujours, loin s'en faut, de cette façon.

Des pratiques « psy » problématiques

De nombreux praticiens travaillent en effet aujour-d'hui en semblant oublier que les enfants... sont des enfants. Et les prennent en charge comme s'ils étaient des adultes. Ils les reçoivent seuls, en ne voyant leurs parents que quelques fois, au début du travail (et il est même fréquent qu'ils ne reçoivent alors que les mères). Les thérapies peuvent, quel que soit l'âge du petit patient, durer plusieurs années. Sans que, pour autant, les symptômes cèdent. Ce dont apparemment personne ne s'offusque. Car prenant pour référence les cures d'adultes, on ne manque pas dans ce cas de rappeler aux parents (qui, à juste titre, s'inquiètent) que la psychana-lyse, chacun le sait... c'est long !

De telles pratiques sont aberrantes. En premier lieu parce que, nous l'avons expliqué, il est impossible de soigner et, *a fortiori*, de guérir un enfant si l'on ne sait rien de son histoire et de sa famille. Et surtout parce qu'une thérapie d'enfant ne peut en aucun cas avoir la même durée que celle d'un adulte. Elle doit être beau-coup plus courte.

Elle peut l'être car le travail thérapeutique porte chez l'adulte sur une enfance qui est d'un abord difficile (puisque recouverte par de multiples strates qu'il faut préalablement explorer, elle n'est plus accessible comme telle), alors que chez l'enfant l'origine de la souffrance est toujours récente. Ce qui se conjugue chez ses aînés au passé se conjugue chez lui au présent. On peut donc prendre ses difficultés à la racine et les empêcher rapidement de se développer.

Et il est important qu'elle soit plus courte car il y a toujours, pour l'enfant, une dimension d'urgence qui n'existe pas pour l'adulte. Celui-ci vient à l'analyse alors qu'il est déjà construit. Il peut donc, même si sa cure ne doit pas être interminable, prendre son temps.

Il en va tout autrement de l'enfant qui, étant un être en développement, vit dans un temps de construction. C'est-à-dire un temps durant lequel, à tout moment, des « fils » se branchent. À le laisser trop longtemps prisonnier de sa détresse, on prend donc le risque que certains « branchements » ne puissent se faire ou se fassent mal. Et les exemples de ces dysfonctionnements problématiques sont légion.

Certaines mères par exemple ne parviennent pas, du fait de leur histoire, à se séparer de leur enfant, à le considérer comme un être distinct d'elles. Elles n'ont pas vraiment (dans leur tête) accouché de lui et redoutent sans le savoir le moment où il sera autonome. Dans ce cas, l'enfant qui sent inconsciemment la souffrance de sa mère peut essayer de l'aider. Et, pour ce faire, « se fabriquer » par exemple un retard moteur. Il peut ainsi tarder à se mettre à quatre pattes, refuser la position debout, etc.

Si on ne l'aide pas très vite (en mettant des mots sur ce qu'il ressent, en permettant à sa génitrice de surmonter son angoisse, en faisant en sorte que le père puisse la soutenir), les problèmes peuvent s'enchaîner. Prisonnier de son retard moteur, l'enfant peut, à l'âge de la parole, ne pas réussir à y accéder. Car le langage n'advient que dans l'espace créé par la séparation des corps. Et il faut, pour parler, être « un », séparé de sa mère.

Ayant du mal à s'exprimer, il risque donc d'être freiné dans toutes les acquisitions intellectuelles et ainsi mettre en place, dès sa petite enfance, les racines de difficultés scolaires ultérieures (avec ce qu'elles supposeront de souffrances et de blessures narcissiques aussi bien pour lui que pour ses parents). Chronique d'une douleur annoncée.

Ces thérapies d'enfants qui imitent celles des adultes sont d'autant plus problématiques que non seulement elles ne résolvent que rarement les difficultés[1] (puisque, ne prenant pas en compte les parents, le thérapeute n'a aucun accès à l'histoire de l'enfant), mais qu'elles sont souvent pour les familles à l'origine de souffrances qui se surajoutent à celles pour lesquelles l'aide du spécialiste avait été requise.

Les parents, en effet, ressentent en général comme une violence – et ils le disent – le fait d'être laissés (ainsi que leur angoisse) à la porte du cabinet de la personne qui soigne leur fils ou leur fille.

Cette attitude, qu'ils vivent comme un rejet, les dévalorise. Et ce d'autant plus qu'un autre se mettant en position de soigner, sans eux et à leur place, leur enfant, ils ne peuvent que se sentir incompétents.

Mais ces pratiques posent également des problèmes à l'enfant. Car il vit souvent, au moins inconsciemment, l'éviction de ses parents comme une mise en cause, une invalidation de leur personne. Il peut donc, à partir de

---

1. Au mieux elles les colmatent et les problèmes resurgissent souvent, autrement, plus tard.

là, soit se sentir lui aussi dévalorisé : « Mes parents ne sont pas des gens bien », soit au contraire trouver, pour son malheur, un moyen de jouir de la situation. En installant par exemple une rivalité entre ses géniteurs et son thérapeute. « Ce n'est pas eux qui commandent, c'est lui ! » Pour faire de ce dernier, et à son insu, un allié des plus douteux. Et il peut même, et là aussi à son insu, le transformer en un « partenaire sensuel » pour des émotions (incestueuses) qu'il imagine partagées. « C'est parce qu'il a envie d'être avec moi tout seul, comme papa avec maman dans leur chambre, que le docteur veut que je vienne dans son bureau sans eux. »

Les parcours sans « psy »

Mais les problèmes suscités par certaines thérapies ne sont pas les seuls qui frappent les enfants. Car, la tendance étant aujourd'hui à rééduquer les symptômes en oubliant de s'interroger sur leur sens, nombre d'entre eux ne passent même plus par la « case psy ».

Ainsi, de plus en plus d'enfants qui rencontrent des difficultés pour apprendre à lire et à écrire sont orientés, sur les conseils du médecin généraliste et parfois même simplement de l'institutrice, directement chez l'orthophoniste.

Or il faut le savoir, si ce mode d'approche est justifié lorsque le trouble de l'enfant ne relève que d'un strict problème d'apprentissage (la méthode dont on s'est servi avec lui par exemple ne lui convenait pas ou le temps qui lui a été accordé pour comprendre n'était pas suffisant pour lui), il est catastrophique si la défaillance de l'enfant est la manifestation d'une souffrance psychologique qu'il essaie ainsi de faire entendre.

Dans ce cas, en effet la rééducation peut durer des

années. Et, quelles que soient les qualités de l'orthophoniste consulté, elle ne réussit quasiment jamais. Au mieux elle déplace le problème : l'enfant finit par apprendre à lire mais, pour exprimer son mal-être, produit un symptôme dans un autre domaine. Au pire, la rééducation échoue, car, la cause du problème n'étant pas entendue, elle continue en toute logique à produire les mêmes effets.

Ces échecs sont d'autant plus à interroger qu'ils sont souvent dramatiques pour les familles (car l'enfant qui ne réussit pas à surmonter ses difficultés scolaires en conclut toujours, comme ses parents d'ailleurs, qu'il est gravement malade) et qu'ils ne sont en rien inévitables. Les analystes en effet reçoivent de plus en plus souvent en consultation des enfants qui, après un ou deux ans d'orthophonie, ont toujours une lecture ânonnante et une écriture chaotique. Alors même que quelques entretiens suffisent en général pour comprendre qu'ils sont prisonniers de souffrances qui ne leur permettent pas d'apprendre. Contraints d'utiliser toute leur énergie pour résister à des difficultés psychologiques qui n'ont pas été, jusque-là, repérées, ils n'ont pas la « disponibilité mentale » nécessaire pour intégrer quelque enseignement que ce soit[1].

Origine du problème aisément vérifiable puisque, lorsqu'elle est prise en charge et traitée, l'enfant retrouve ses capacités d'apprentissage et peut alors, d'ailleurs, utiliser avec un réel bénéfice la rééducation orthophonique qui, jusque-là, ne lui servait à rien ; et rattraper rapidement son retard.

---

1. Ou, pour dire comme les adolescents, trop de choses leur « prennent la tête » pour qu'ils puissent apprendre...

Interroger les pratiques

La situation des enfants est, dans le domaine des soins, d'autant plus problématique que, loin d'être questionnés, les échecs thérapeutiques que nous venons d'évoquer sont aujourd'hui « utilisés ». Par exemple pour cautionner la vogue de la dyslexie, « maladie providentielle[1] » qui permet à tout coup de les justifier puisqu'elle les impute à une incapacité constitutionnelle de l'enfant. À l'issue de l'opération de nombreux enfants se retrouvent donc condamnés à se penser « handicapés » alors qu'ils ne le sont en rien. Ce qui est dramatique pour eux. Mais aussi pour la société qui se voit contrainte de prendre en charge leurs supposées défaillances.

Comment expliquer de telles pratiques thérapeutiques ?

Elles montrent d'abord, nous semble-t-il, que les enfants ne sont pas épargnés par les orientations actuelles de la psychiatrie, orientations importées des États-Unis via les divers DSM[2] et qui, malgré la résistance de nombreux praticiens, gagnent chaque jour du terrain. Cette psychiatrie ne vise plus à considérer, comme le faisait autrefois la psychiatrie classique, l'individu dans sa totalité et chaque personne comme une entité particulière. Et, partant de là, à examiner ses troubles à la lumière de son histoire et de sa personnalité.

Elle ne prend plus en compte que les symptômes, elle

---

1. Dont, heureusement, de nombreux professionnels commencent, preuves à l'appui, à refuser qu'elle puisse être systématiquement évoquée. On lira à ce propos le livre écrit par l'orthophoniste Colette Ouzilou, *Dyslexie, une vraie – fausse épidémie*, Paris, Presses de la Renaissance, 2001.

2. D.S.M. « Manuel Diagnostique et statistique des troubles mentaux ». Ces manuels, publiés par l'American Psychiatric Association et destinés à établir des critères diagnostiques, sont devenus aujourd'hui la référence d'une grande partie de la psychiatrie.

les isole et prétend les traiter comme tels (par des médicaments ou éventuellement une thérapie courte et supposément « adaptée ») sans se préoccuper en rien des êtres qui en sont affectés.

La compulsion à se laver les mains de Mme Dupont, par exemple, est conçue aujourd'hui comme parfaitement identique à celle de M. Durand ou du jeune Dubois. On ne pense plus nécessaire de chercher à comprendre qui est Mme Dupont. Et surtout ce qu'elle tente de nettoyer lorsqu'elle lave ainsi frénétiquement ses mains ; quelle saleté, quelle tache imaginaire elle essaie, par ses ablutions répétitives, d'éliminer.

Il n'est plus question de s'interroger sur ce dont elle pourrait se sentir inconsciemment (au point de ne plus pouvoir vivre normalement), « marquée ». Une tache sur l'honneur de sa famille, une « saleté » sexuelle dont elle aurait été, enfant, accusée ou victime. Les taches qu'elle faisait sur ses tabliers d'enfant et dont sa mère, énonçant ainsi la haine inconsciente qu'elle avait de sa fille, ne cessait de l'accuser : « Ma pauvre petite, mais quelle souillon tu fais ! »

Le but de la psychiatrie actuelle est que Mme Dupont cesse, au plus vite, de se laver les mains et retrouve un comportement « normal » ou supposé tel. On lui prescrit donc un médicament ou une thérapie (évidemment rapide) pour la guérir de la « maladie » qu'elle a eu le mauvais goût de contracter. Et on lui laisse la charge de son histoire. Ce que, une fois guérie de sa méchante manie (si tant est qu'elle en guérisse...), elle va pouvoir faire de ses éventuelles hontes sexuelles, de la haine ravageante de sa mère ou de l'honneur meurtri de sa famille.

Et les moyens (peut-être plus invalidants encore) qu'elle va trouver pour les exprimer, nul ne le sait. Et, à vrai dire, nul ne s'en préoccupe. Les murs de la demeure étant opportunément recouverts d'une couche de peinture fraîche, on a tout loisir d'oublier (au moins pour un temps) les fissures qui les défiguraient.

Guérir... mais à quel prix ?

Aveuglé par le désir de réparer au plus vite la machine défaillante, on ne prend pas en compte le prix que le patient risque de payer pour le replâtrage de sa personne ainsi effectué. Or il y a tout lieu de craindre que celui-ci ait un coût. Et qu'il soit même plus élevé encore qu'on ne pourrait le croire. Car la probabilité est grande que le patient ne se sente plus seulement, à l'issue de cette « opération – guérison », angoissé mais véritablement malade (avec tout ce que cela suppose, pour lui, d'exclusion) et modifie donc de ce fait, en profondeur, l'image qu'il avait de lui-même. Ce risque est d'autant plus important que, ainsi isolés et tous les projecteurs braqués sur eux, les symptômes sont forcément majorés. Réduits à eux et contraints de s'identifier à eux[1], les patients risquent donc d'avoir le plus grand mal à les abandonner ; surtout si, s'imaginant du fait de leur histoire inintéressants, ils y voient un moyen de capter l'attention des autres[2].

Théorie de l'amour et DSM

Mais cette psychiatrie qui nie la singularité et la complexité des êtres n'est pas seule responsable de la

---

1. De nombreux patients se présentent aujourd'hui à la première consultation en disant : « Je suis phobique, j'ai un TOC, etc. ». Comme si ce diagnostic pouvait à lui seul résumer leur personne.

2. Fantasme évidemment encouragé par le succès qu'obtiennent auprès de certains médias nombre de ces symptômes (les supposés « TOC », par exemple).

façon dont on prend aujourd'hui les enfants en charge. Car elle n'aurait sans doute pas, dans ce domaine, une aussi grande influence si elle n'avait partie liée avec la théorie de l'amour. Si elle ne trouvait en elle sa plus sûre alliée.

Dans le champ des soins donnés aux enfants, théorie de l'amour et psychiatrie façon DSM fonctionnent en effet aujourd'hui main dans la main. Et il n'y a pas lieu de s'en étonner. Car il suffit de considérer leurs fondements théoriques respectifs (ou ce qui en tient lieu) pour se rendre compte que les deux étaient faites pour se rencontrer.

Elles se rejoignent en effet sur un point essentiel : la négation de toute idée d'une histoire personnelle du sujet humain (petit ou grand). La théorie de l'amour nie implicitement cette dimension en ne prenant pas en compte la construction de l'enfant. Et cette psychiatrie la nie, elle, explicitement, puisqu'elle prône un traitement anonyme des symptômes.

Leur union ne pouvait donc qu'avoir lieu. Et elle a eu lieu. Pour le plus grand malheur des enfants et de leurs familles. Comme toute union en effet, elle a porté des fruits. Et donné naissance à des « rejetons » qui pèsent aujourd'hui (et risquent malheureusement de peser fort longtemps encore) sur l'enfance.

Les nouvelles maladies infantiles

Les enfants en effet, parce qu'ils sont souvent à notre époque élevés « à l'amour », c'est-à-dire sans tous les repères et les limites dont ils auraient besoin, produisent, nous l'avons vu, de plus en plus de symptômes. Et, soignés comme ils le sont, bien souvent, ils les gardent.

Or cette multiplication de symptômes faussement

irréductibles est lourde de conséquences car la psychiatrie actuelle l'interprète de deux façons. Elle y voit la preuve de l'existence, chez l'enfant, de maladies conçues sur le modèle de celles de l'adulte. On parle par exemple de plus en plus de dépression pour des enfants très jeunes. Et l'on n'hésite pas, dans bien des lieux, à les assujettir (comme on le fait pour leurs aînés) à des médicaments. Attitude thérapeutique parfaitement absurde puisque tout est chez eux, nous l'avons vu, immédiatement mobile et mobilisable.

Les médias d'ailleurs ne se font pas faute de fournir chaque jour des exemples de ces aberrations. Ainsi cette petite fille de quatre ans dont une émission de télévision présentait complaisamment la supposée « dépression ». Et dont on apprenait incidemment, au cours d'une interview, qu'elle passait depuis toujours ses nuits... dans le lit de sa mère. « Détail » auquel personne, apparemment, n'attachait la moindre importance. Et qui pourtant aurait pu, à lui seul, suffire à expliquer le peu d'enthousiasme à vivre de cette enfant. Car quel bonheur d'exister et quelle idée de son avenir peut-on avoir lorsque l'on est, dès sa naissance, mise à une place qui n'est pas la sienne et chargée par sa mère d'une mission : lui servir (d'ours en peluche ? de bouche-trou ? de bouche-angoisse ?) ?

Or il faut le souligner, nul n'avait cru bon, semble-t-il, de s'interroger sur cette mère[1]. Nul n'avait exploré avec elle la souffrance qui la conduisait à agir de la sorte. On s'était contenté de mettre sur l'enfant une étiquette : dépressive. Et on la montrait aux téléspectateurs en s'apitoyant sur le malheur – présenté évidemment comme inévitable – de sa famille.

---

1. Et sur le père qui ne l'aidait pas.

Mais la psychiatrie façon DSM ne s'en tient pas là. Car dans ces symptômes qui, faute d'être « entendus », persistent elle voit aussi l'émergence de nouvelles maladies qui n'auraient pas été jusque-là repérées ou dont on aurait sous-estimé l'importance. À côté de la dyslexie que nous avons déjà évoquée, l'une d'elles, on le sait, fait florès : l'hyperactivité.

« Maladie » dont seraient affectés les enfants qui « ne tiennent pas en place ». Et que l'on prétend soigner en leur faisant absorber de la Rytaline (potion magique dont on est bien loin de connaître tous les effets à long terme). En oubliant simplement que « tenir en place » implique d'une part... que l'on ait une place. Et qu'on la connaisse. C'est-à-dire par exemple que l'on puisse se situer par rapport à l'interdit de l'inceste, à la succession des générations, à l'ordre de la fratrie.

Et, d'autre part, que l'on ait reçu suffisamment de paroles et de limites pour comprendre et accepter le comportement adapté à toute vie en société. Autrement dit, que l'on ait pu bénéficier non seulement des sentiments de ses parents mais bel et bien de leur éducation.

Oublieuse de leur construction et de l'importance pour eux de l'éducation, la vision actuelle de la pathologie des enfants fige leurs symptômes et les majore. Elle menace des centaines d'entre eux de diagnostics qui, non seulement sont inappropriés, mais risquent d'être à l'origine, pour leurs familles et pour eux-mêmes, de blessures narcissiques irréparables.

Elle constitue donc un réel danger. Danger qui, à notre époque de consensus, n'est pas suffisamment dénoncé, et face auquel, nous semble-t-il, un psychanalyste ne peut se taire.

Pour conclure

« L'amour ne suffit pas »... Faut-il conclure de cette formule et de ce livre que l'amour de ses parents serait pour un enfant inutile ? En aucun cas ; car les sentiments qu'ils lui portent, aussi nécessaires que l'air et l'eau, sont pour lui d'une importance vitale.

La tendresse émerveillée qui les habite, l'élan qui les porte vers lui, les gestes dont ils l'entourent sont sa première sécurité face au monde. Ils constituent le fondement même de son narcissisme : ce n'est qu'aimé par eux qu'il peut se sentir « aimable ». Orphelin de cet amour, il errera, parfois sa vie entière, à la recherche de qui pourrait l'aider à combler son manque, à rendre sa douleur moins vive.

Notre propos n'est donc pas de dévaloriser les sentiments mais de poser qu'ils ne peuvent, à eux seuls, définir l'amour parental car l'enfant a besoin, pour se construire, de l'éducation de ses parents. Ces derniers ne peuvent donc prétendre l'aimer que s'ils l'éduquent ; que s'ils font, jour après jour, rimer « aimer » avec « éduquer ».

Plaidoyer pour l'éducation, notre travail s'inscrit à contre-courant de la tendance, aujourd'hui de plus en plus répandue, à dire aux parents, sous prétexte de les rassurer : « Faites comme vous voulez. Puisque vous les aimez ce sera bien. »

Ce discours démagogique et, comme tout chant des sirènes, séduisant, nous semble en effet dangereux. Mais également paradoxal car il véhicule, sous des dehors affables, une vision des parents qui confine, quoi que l'on en veuille, au mépris. Puisque, sous couvert de les ménager et de ne pas les culpabiliser, il les fait apparaître comme des êtres fragiles, incapables de se poser des questions, d'entendre ce qu'on leur dit, d'en discuter et éventuellement de se remettre en cause.

Or les parents sont, tous, parfaitement aptes à un tel questionnement. À condition bien sûr qu'on leur donne des indications claires sur leur fonction. Et qu'ils aient affaire, quand ils rencontrent des difficultés, à des professionnels qui les traitent comme des adultes responsables. C'est-à-dire qui aient le courage de leur dire : « Ça ne va pas. Voilà pourquoi. » Et de faire, si besoin est, preuve de fermeté.

Malheureusement de telles prises en charge sont de plus en plus rares. La vision actuelle des relations parents-enfants et sa réduction à l'amour pèsent sur les professionnels, même les plus compétents. Elle les entrave et les empêche très souvent de placer, comme ils le devraient, les familles devant leurs responsabilités.

Les enfants font les frais de ces pratiques car, leurs géniteurs ne modifiant pas leurs façons de faire, leur mal-être persiste. Mais elles mettent également les parents eux-mêmes en danger. En premier lieu les plus défavorisés.

La société en effet, à la lueur notamment des troubles graves qui agitent régulièrement les banlieues, découvre aujourd'hui de plus en plus l'ampleur de la « non-éducation » dont pâtissent des milliers de jeunes. Et, désireuse de mettre un terme à cette dérive, envisage de sanctionner leurs parents.

Un tel projet qui réaffirme l'existence de devoirs parentaux pourrait paraître sensé. Il est en fait très ambigu car il revient à désigner les parents comme seuls coupables de la situation.

Or s'ils sont évidemment impliqués au premier chef dans l'état de leurs enfants, ils n'en sont pas les seuls responsables. Ils ont échoué pour des raisons qui tiennent à la fois à leurs conditions de vie et à leur histoire personnelle. Mais aussi parce que les diverses instances auxquelles ils ont eu affaire depuis la naissance de leurs enfants (crèche, garderie, PMI, école, consultations diverses) ne se sont pas suffisamment donné les moyens de leur signifier leurs devoirs.

Les problèmes que manifestent les adolescents, du fait des carences éducatives dont ils sont victimes, ne datent jamais de l'année où ils apparaissent. Ils étaient là, en germe, depuis leur plus tendre enfance et ont toujours donné des signes qui auraient pu être entendus.

C'est donc dès l'école maternelle, à l'âge où peut se faire une véritable prévention, que leurs parents auraient dû être pris en charge. C'est-à-dire instruits de leurs responsabilités parentales (et de ce qu'ils pouvaient encourir s'ils s'y dérobaient) et aidés à les assumer.

Victimes de ce que l'on pourrait appeler une « non-assistance à famille en danger », abandonnés à leur laxisme, ils ne l'ont, pour la plupart, pas (ou pas assez) été.

Laissés trop longtemps sans limites, ils risquent donc de réagir comme le garçon (ou la fille) qui, alors qu'il n'a fait depuis toujours que ce que bon lui semblait, se voit à quinze ans signifier la loi. Ils risquent de vivre les sanctions promises comme des brimades brutales, injustes et surtout incompréhensibles. Et d'en faire non pas un point d'appui pour changer mais un facteur supplémentaire de révolte et de marginalisation.

Le risque est grand aujourd'hui que, débordée par les conséquences d'un laisser-faire à l'installation duquel elle a largement contribué, notre société n'en vienne à prendre des mesures qui pervertissent l'idée même de « devoir parental ». Et que, détournée de son véritable sens, celle-ci, loin de servir à l'éducation des parents, ne soit plus que l'un des multiples instruments de la répression.

Mais la conception actuelle des relations parents-enfants ne touche pas seulement les familles des quartiers difficiles. Tous les parents en pâtissent. Car elle les laisse souvent désorientés, dépourvus d'outils efficaces pour penser les inévitables problèmes, grands et petits, de leurs enfants et les aider à les dépasser.

Les parents n'ont pas besoin de belles paroles. Ils n'ont pas besoin qu'on leur vende, sous prétexte de les rassurer, des illusions. Ils ont besoin qu'on les épaule dans leur tâche et qu'on leur donne des repères clairs. Et ils ont surtout besoin aujourd'hui qu'on leur permette de comprendre qu'éduquer un enfant n'est pas, comme ils le redoutent souvent, l'asservir, le brimer et l'entraver mais au contraire l'aider à se développer. Et que c'est, à ce titre, la plus belle (et la seule) façon de l'aimer.

Si ce livre peut contribuer à le leur faire entendre, il aura atteint son but.

Bibliographie

Philippe ARIÈS, *L'Enfant et la vie familiale sous l'Ancien Régime*, Paris, Le Seuil, 1973.

Élisabeth BADINTER, *L'Amour en plus, Histoire de l'amour maternel*, Paris, Flammarion, 1981.

Egle BECCHI, Dominique JULIA, *Histoire de l'enfance en Occident*, Paris, Le Seuil, 1998.

Maurice BERGER, *L'Échec de la protection de l'enfance*, Paris, Dunod, 2003.

Alain BRUEL, « Un itinéraire dans la justice des mineurs », *Esprit* n° 268, octobre 2000.

Philippe CHAILLOU, *Le Juge et l'Enfant*, Toulouse, Privat, 1992.

Philippe CHAILLOU, *La Violence et les jeunes*, Paris, Gallimard, 1996.

Françoise DOLTO, *Le Cas Dominique*, Paris, Le Seuil, 1971.

Françoise DOLTO, *Au jeu du désir*, Paris, Le Seuil, 1981.

Françoise DOLTO, *Séminaire de psychanalyse d'enfants*, Paris, Le Seuil, 1982.

Françoise DOLTO, *L'Image inconsciente du corps*, Paris, Le Seuil, 1984.

Françoise DOLTO, *La Difficulté de vivre*, Paris, Gallimard, 1995.

Françoise DOLTO, *Les Étapes majeures de l'enfance*, Paris, Gallimard, 1996.

Françoise DOLTO, *Les Chemins de l'éducation*, Paris, Gallimard, 2000.

Françoise DOLTO et Jean-Pierre WINTER, *Entretiens*, Paris, Gallimard, 2002.

Georges DUBY, Michelle PERROT (dir.), *Histoire des femmes en Occident*, Paris, Plon, 1991.

Sigmund FREUD, *Trois Essais sur la théorie sexuelle*, Paris, Gallimard, 1989.

Sigmund FREUD, *Résultats, Idées, Problèmes*, Paris, PUF, 2002.

Sigmund FREUD, *Métapsychologie*, Paris, Gallimard, 1985.

Sigmund FREUD, *Introduction à la psychanalyse*, Paris, Payot, 1996.

Sigmund FREUD, *La Vie sexuelle*, Paris, PUF, 2002.

Jacques LACAN, *Écrits*, Paris, Le Seuil, 1999.

Jacques LACAN, *Autres Écrits*, Paris, Le Seuil, 2001.

Nadeije LANEYRIE-DAGEN (dir.), *Les Grands Événements de l'histoire des enfants*, Paris, Larousse, 1995.

Christopher LASCH, *La Culture du narcissisme*, Castelnau-le-Lez, Climats, 2000.

Claude LÉVI-STRAUSS, *Les Structures élémentaires de la parenté*, Berlin, Mouton de Gruyter, 2002.

Colette OUZILOU, *Dyslexie, une vraie fausse épidémie*, Paris, Presses de la Renaissance, 2001.

Élisabeth ROUDINESCO et Michel PLON, Dictionnaire de la psychanalyse, Paris, Fayard, 1997.

Élisabeth ROUDINESCO, *La Famille en désordre*, Paris, Fayard, 2002.

Dominique YOUF, « Repenser le droit pénal des mineurs », *Esprit* n° 268, octobre 2000.

Remerciements

Mes remerciements vont à tous ceux qui m'ont, tout au long de ce travail, soutenue de leur chaleur, de leur tendresse, de leur présence. Ils sont trop nombreux pour que je les cite, mais ils se reconnaîtront.

Ils vont à Hélène Mathieu et Isabelle Maury qui ont été mes premières (et attentives) lectrices ; à Muriel Brouquet-Canale et Nathalie Senyk dont les conseils pour la partie juridique m'ont été précieux ; à Éliane Gaucher et Virginie Guiton-Agneray qui ont dactylographié mon manuscrit.

Et tout particulièrement à Michèle Montrelay sans qui ce livre n'aurait jamais existé.

Table

Cet ouvrage a été réalisé par

FIRMIN DIDOT

GROUPE CPI

Mesnil-sur-l'Estrée

*pour le compte des NiL éditions
en janvier 2006*

La photocomposition de cet ouvrage
a été réalisée par
GRAPHIC HAINAUT
59163 Condé-sur-l'Escaut

Imprimé en France
Dépôt légal : janvier 2006
N° d'édition : 46516/01 – N° d'impression : 77668